이·해·하·기·쉬·운

4주 완성 일본어 두 번째 걸음

語文學社

교재구성

 본 교재는 초보탈출을 목표로 하고 있으며, 가장 쉬운 중급단계의 학습을 목표로 하였다.
 각 파트별로 모든 단어를 반복 제시하여, 단어로 인한 부담감으로 문법학습효과가 감소하는 것을 최소화시키고자 하였다. 단어를 반복적으로 제시함으로써 자연스레 단어를 익힐 수 있도록 하였고, 가장 간단명료하게 일상회화를 할 수 있도록 불필요한 표현은 제외시켰으며 다른 간단한 표현으로 대체하였다. 누구나 사전만 있으면 얼마든지 자신의 의견을 표현할 수 있을 정도의 문법을 정리하였다.

문형연습 : 이 과에서 배우게 될 표현을 정리하며, 예문을 통한 치환연습을 통해 문형을 익힐 수 있도록 하였다. 기본단어를 제시함으로써 문형학습에 집중할 수 있도록 하였다.

본문 : 실제로 일어날 수 있는 상황에서 자연스러운 회화를 익히며, 문형연습에서 학습하였던 표현을 다시 한번 확인한다.

본문해석 : 한국어해석을 보면서 바로 일본어로 바꿔서 연습하면서 본문을 다시 한번 복습을 한다.

회화연습 : 그림을 보면서 제시된 단어를 이용하여 문형연습을 한다.

독해연습 : 모국어실력이 외국어실력의 절반이라는 말이 있듯이, 외국어를 모국어로 깔끔하고 정확하게 전달할 수 있는 능력 또한 외국어실력에서 매우 중요하므로, 간단한 단문들을 통해 번역연습을 한다.

필수단어 : 본문에서 반드시 익혀야 할 단어들을 외운다.

오문정정 : 문법을 제대로 익혔는지 잘못된 표현을 찾아내어 다시 한번 정리한다.

마무리-1 : 문형연습에 나왔던 예문의 한국어해석을 보면서 일본어로 말하는 연습을 한다. 마무리-1의 정답은 마무리-2의 문장이다.

마무리-2 : 문형연습에 나왔던 일본어 예문을 읽으면서 발음연습을 하고, 한국어로 해석을 해본다. 마무리-2의 정답은 마무리-1의 문장이다.

머리말

일본어로 기본적인 회화가 가능하려면 얼마나 배워야 할까?

현장에서 일본어를 가르친 경험으로 미루어 볼 때, 최소한 수개월이 걸린다. 대부분의 학원과 교재역시 기본회화에 적지 않은 시간을 할애하고 있다. 하지만 수개월 동안 쉬지 않고 일본어에 투자한다는 것이 시간적으로 금전적으로 생각만큼 쉽지는 않은 모양이다.

처음 히라가나부터 시작해서 수개월 연속하여 기본과정까지 가는 학생은 정말 드물다. 자신의 능력을 쌓아서 몸값을 올린다는 차원에서 일본어를 배운다면 사실 수개월도 짧은 시간이겠지만, 가벼운 마음으로 일본어를 배우고 싶어 하는 학생들에게는 무척 긴 시간이 될 수도 있다. 또한 기본과정에는 사실 꼭 필요한 표현이 아닌 것도 상당수 포함되어 있고, 빈도수가 그리 높지 않은 표현들 역시 들어 있다. 물론 외국어로서 일본어를 배우려면 당연히 익혀야 할 표현들이겠지만, 실용성이나 시간적으로 봤을 때 이런 표현들은 모처럼 일본어를 배우고자 시간을 낸 학생들을 한두 달도 채우지 못하고 포기하게 만드는 커다란 요인이 된다고 생각한다.

일본과 일본 문화에 대한 관심으로 인해 일본어를 배우고 싶어 하는 학생들이나, 일본여행을 갔을 때, 간단한 회화정도만 통할 수 있을 정도의 일본어를 원하는 학생들에게 맞는 교재나 과정이 현재 별로 없다는 점을 안타깝게 생각하여, 「4주완성 일본어」시리즈를 준비하게 되었다. 수개월의 기본과정을 4주라는 짧은 시간으로 단축시켜 일본어의 기초를 잡을 수 있게 하였다, 더 많은 사람들이, 더 적은 시간에, 더 높은 성과를 올릴 수 있기를 바라는 마음이다. 일본어를 배우는 데 있어서 초석을 마련하는 과정으로 본 교재가 활용되기를 희망하며, 일본어 표현 중에서 간단하고, 간결한 표현을 중심으로 한 일상회화로 구성하였다.

나름대로는 그동안 짧지 않은 현장에서의 경험을 살려서 쉽게 익힐 수 있도록 노력하였다. 일본어 입문의 가장 초입에 있는 과정인 「4주완성 일본어」가 앞으로 좀 더 풍부하고 다양한 일본어를 익히는데 초석이 될 수 있다면 더 할 나위 없는 보람이 될 것이다.

부디 이 교재를 이용하는 사람들이 이와 같은 취지를 잘 살려 원하는 만큼의 결실을 얻기를 바라며, 이 교재를 출판하기까지 많은 도움을 주신 어문학사와 이 책을 감수하여 주신 키쿠치 세이지 교수님께 감사의 말씀을 전한다.

이성순 · 송현미

CONTENTS

1

財布は ありますか。
さい ふ

- 있습니다
- 주세요

1 존재표현

あります・います

존재를 나타낼 때, 사람이나 동물은 います, 식물이나 무생물은 あります를 쓴다.

있습니다	います	あります	있었습니다	いました	ありました
없습니다	いません	ありません	없었습니다	いませんでした	ありませんでした

→ **과장님은 회의실에 있습니다.**

課長(かちょう)は 会議室(かいぎしつ)に います。

→ **남자친구는 없습니다.**

彼(かれ)は いません。

→ **지갑은 책상 위에 있습니다.**

財布(さいふ)は 机(つくえ)の 上(うえ)に あります。

→ **오늘 오후에 약속이 있습니다.**

今日(きょう)の 午後(ごご)、約束(やくそく)が あります。

2 ~을 주세요(물건을 사거나 주문할 때) 문형연습

~を ください

● 뜨거운 커피를 주세요.

　ホットコーヒーを ください。

● 구운 김과 김치를 주세요.

　やきのりと キムチを ください。

● 맥주와 소주를 주세요.

　ビールと 焼酎(しょうちゅう)を ください。

3 숫자연습

100	ひゃく	1만	いちまん
200	にひゃく	2만	にまん
300	さんびゃく	3만	さんまん
400	よんひゃく	4만	よんまん
500	ごひゃく	5만	ごまん
600	ろっぴゃく	6만	ろくまん
700	ななひゃく	7만	ななまん
800	はっぴゃく	8만	はちまん
900	きゅうひゃく	9만	きゅうまん
1000	せん	10만	じゅうまん
2000	にせん	20만	にじゅうまん
3000	さんぜん	30만	さんじゅうまん
4000	よんせん	40만	よんじゅうまん
5000	ごせん	50만	ごじゅうまん
6000	ろくせん	60만	ろくじゅうまん
7000	ななせん	70만	ななじゅうまん
8000	はっせん	80만	はちじゅうまん
9000	きゅうせん	90만	きゅうじゅうまん

こいのびり 5월5일

　남자아이의 입신과 건강을 기원하는 뜻으로 잉어모양의 고이노보리(こいの ぼり)를 긴 대나무 끝에 매달아두거나 무사의 갑옷인 가부토(かぶと)장식을 해두고　찌마키(ちまき)와 가시와모찌(かしわもち)를 먹는 풍습이 있다. 고이 노보리는 속이 비어 있는 잉어모양의 연으로, 바람이 불면 강을 힘차게 거슬 러 올라가는 잉어를 형상화 시킨 것이며, 무사들이 입었던 갑옷을 장식해 두 는 것은 무사와 같이 용감해지기를 바라는 의미이다.

財布(さいふ)は ありますか。

店員(てんいん)： いらっしゃいませ。

山本(やまもと)： すみません。財布(さいふ)は ありますか。

店員(てんいん)： はい、あります。こちらです。

山本(やまもと)： 青色(あおいろ)は ありませんか。

店員(てんいん)： 青色(あおいろ)も ありますが、ちょっと 大(おお)きいです。

山本(やまもと)： いくらですか。

店員(てんいん)： 5万(まん)ウォンです。

山本(やまもと)： ちょっと 高(たか)いですね。もう 少(すこ)し 安(やす)いのは ありませんか。

店員(てんいん)： これは どうですか。3万(まん)ウォンです。

山本(やまもと)： はい、これを ください。

12

本文解석 ·······························

점원: 어서 오세요.

야마모또: 미안합니다. 지갑은 있습니까?

점원: 네, 있습니다. 이쪽입니다.

야마모또: 파란색은 없습니까?

점원: 파란색도 있습니다만, 좀 큽니다.

야마모또: 얼마입니까?

점원: 5만원입니다.

야마모또: 좀 비싸네요. 조금 더 싼 것은 없습니까?

점원: 이것은 어떻습니까? 3만원입니다.

야마모또: 네, 이것을 주세요.

단어

- いらっしゃいませ 어서 오세요.
- 財布(さいふ) 지갑
- 青色(あおいろ) 파란색
- 大(おお)きい 크다
- 高(たか)い 비싸다
- 安(やす)い 싸다
- これ 이것

- すみません 미안합니다, 실례합니다.
- こちら 이쪽
- ちょっと 좀
- いくら 얼마입니까?
- もう少(すこ)し 조금 더
- どうですか 어떻습니까?
- ください 주세요.

98.000

1. くつは いくらですか。

  → _____。

240.000

2. 鞄(かばん)は いくらですか?

  → _____。

3.300

3. コーヒーは いくらですか。

  → _____。

425.000

4. ケータイは いくらですか。

  → _____。

필수단어

다음 단어를 읽고 일본어는 한국어로, 한국어는 일본어로 쓰세요.

1. 財布(さいふ)　　　　　　　2. これ

3. 青色(あおいろ)　　　　　　4. 高(たか)い

5. 있습니다(물건)　　　　　　6. 있습니다(사람)

7. 주세요　　　　　　　　　　8. 얼마입니까

오문정정

다음 일본어 문장을 읽고 잘못된 부분을 골라 보세요.

1. 야마다씨는 지금 회의실에 있습니다.

　山田(やまだ)さんは　今(いま)、　会議室(かいぎしつ)に　あります。
　　　　　　　　　　❶　　　　　　　　　　❷　　❸

2. 일요일은 수업이 없습니다.

　日曜日(にちようび)は　授業(じゅぎょう)が　いません。
　　　　　　　　　❶　　　　　　　❷　　　　❸

3. 뜨거운 커피를 주세요.

　ホット　コーヒーに　ください。
　❶　　　　　　❷　　　❸

4. 꽃집에 생선은 없습니다.

　花屋(はなや)に　さかな　は　ありません。
　　　　　❶　　　　❷　　❸

마무리 1

다음 문장을 일본어로 말해 보세요.

1. 과장님은 회의실에 있습니다.

2. 남자친구는 없습니다.

3. 지갑은 책상 위에 있습니다.

4. 오늘 오후에 약속이 있습니다.

5. 뜨거운 커피를 주세요.

6. 구운 김과 김치를 주세요.

7. 맥주와 소주를 주세요.

마무리 2

다음 문장을 크게 읽고 한국어로 말해보세요.

1. 課長(かちょう)は 会議室(かいぎしつ)に います。

2. 彼(かれ)は いません。

3. 財布(さいふ)は 机(つくえ)の 上(うえ)に あります。

4. 今日(きょう)の 午後(ごご)、約束(やくそく)が あります。

5. ホットコーヒーを ください。

6. やきのりと キムチを ください。

7. ビールと 焼酎(しょうちゅう)を ください。

2 Chapter

教えて ください。

1 ~하고 / ~해서

동사의 て형 + て

~て는 "~하고·~해서"로 해석되며, 2그룹(1단)동사와 3그룹(불규칙)동사에는 ます형에 연결되며, 1그룹(5단)동사에는 て형에 연결된다. て형 만드는 방법은 다음과 같다.

1그룹 (5단) 동사	~く를 いて로 ~ぐ를 いで로	쓰다 수영하다	かく およぐ	→ かいて → およいで	쓰고, 써서 수영하고, 수영해서
	~う·~つ·~る를 って로	사다 들다 보내다	かう もつ おくる	→ かって → もって → おくって	사고, 사서 들고, 들어서 보내고, 보내서
	~ぬ·~む·~ぶ를 んで로	죽다 읽다 날다	しぬ よむ とぶ	→ しんで → よんで → とんで	죽고, 죽어서 읽고, 읽어서 날고, 날아서
	行(い)く는 行(い)って로	가다	いく	→ いって	가고, 가서
	~す를 して로	지우다	けす	→ けして	지우고, 지워서
2그룹 (1단) 동사	る를 떼어내고 て를 붙인다	보다 먹다	みる たべる	→ みて → たべて	보고, 봐서 먹고, 먹어서
3그룹 (불규칙) 동사	하다 する → して 하고, 해서 오다 くる → きて 오고, 와서				

● 친구를 만나서 会(あ)う 영화를 봤습니다. 見(み)る.

　→ 友(とも)だちに ＿＿＿＿＿＿＿ 映画(えいが)を ＿＿＿＿＿＿＿。

● 아침에 일어나서 起(お)きる 밥을 먹고 食(た)べる 회사에 갑니다. 行(い)く.

　→ 朝(あさ)、＿＿＿＿＿ ご飯(はん)を ＿＿＿＿＿ 会社(かいしゃ)に ＿＿＿＿＿＿＿。

● 전화를 걸어서 かける 약속을 했습니다. する.

　→ 電話(でんわ)を ＿＿＿＿＿＿＿ 約束(やくそく)を ＿＿＿＿＿＿＿。

● 친구를 만나서 会(あ)う 술을 마셨습니다. 飲(の)む.

　→ 友(とも)だちに ＿＿＿＿＿＿＿＿＿ お酒(さけ)を ＿＿＿＿＿＿＿。

● 일요일에 목욕을 하고 お風呂(ふろ)に 入(はい)る 빨래를 합니다. する.

　→ 日曜日(にちようび)に ＿＿＿＿＿＿＿ 洗濯(せんたく)を ＿＿＿＿＿＿＿。

● 오늘은 일찍 집에 가서 帰(かえ)る 푹 쉬겠습니다. 休(やす)む.

　→ 今日(きょう)は 早(はや)く 家(うち)に ＿＿＿＿＿＿ ゆっくり ＿＿＿＿＿＿＿。

2 ~해 주세요

~て ください

의미는 부탁의 표현 같지만 부드러운 명령형이므로 사용할 때 주의해야 한다.
1그룹(5단)동사에는 て형에 연결되고, 그 외의 동사에는 ます형에 연결된다.

● 여기에 이름을 써 <u>書(か)く</u> 주세요.

→ ここに お名前(なまえ)を _____。

● 잠시 기다려 <u>待(ま)つ</u> 주세요.

→ ちょっと _____。

● 이쪽으로 들어 <u>入(はい)る</u> 오세요.

→ こちらに _____。

● 미안하지만, 그 가방을 집어 <u>取(と)る</u> 주세요.

→ すみませんが、その かばんを _____。

七夕 (たなばた)

중국설화에서 전해진 견우직녀 이야기에서 유래되었으며, 견우직녀가 건넜다는 은하수와 별에게 자신의 소망을 비는 풍습이 생겼다. 이 날이 되면 동네 아이들은 일주일 전쯤 모여서 가느다란 대나무(ささ)와 좁고 긴 종이조각(たんざく)을 준비하여, 이 종이에 자신의 소망을 적어 대나무에 달아 놓는다. 그리고 칠석의 다음 날(예전에는 강에 흘려보냈지만) 대나무는 버리고 종이는 태워버렸다.

教えて ください。

山本 : ミラさん、キムチチゲの 作り方を 教えて ください。

ミラ : キムチチゲですか。一番の ポイントは キムチです。

   キムチチゲには シンキムチが いいですよ。

山本 : シンキムチ?

ミラ : 少し すっぱい 味が する キムチです。

   まず、キムチと 豚肉を 切って 一緒に 炒めて ください。

   それから 水を 入れて 十分に 煮ます。

山本 : それで 終りですか。

ミラ : いいえ、豆腐を 入れて もっと 煮ます。

   最後に 味つけを して 出来上がりです。

본문해석

야마모또 : 미라 씨, 김치찌개 만드는 법을 가르쳐 주세요.

미라 : 김치찌개 말입니까?

가장 중요한 포인트는 김치에요. 김치찌개에는 신 김치가 좋습니다.

야마모또 : 신 김치?

미라 : 조금 신 맛이 나는 김치에요.

우선, 김치와 돼지고기를 썰어서 함께 볶아 주세요.

그리고 나서, 물을 넣고 충분히 익힙니다.

야마모또 : 그걸로 끝입니까?

미라 : 아니요, 두부를 넣고, 더 익힙니다.

마지막으로, 간을 해서 완성됩니다.

단어

- 作(つく)り方(かた) 만드는 법
- 一番(いちばん) 제일
- おいしい 맛있다
- 少(すこ)し 조금
- 味(あじ) 맛
- 豚肉(ぶたにく) 돼지고기
- 一緒(いっしょ)に 함께
- それから 그리고 나서
- 十分(じゅうぶん)に 충분히
- 終(お)わり 마지막
- もっと 좀더
- 味(あじ)つけをする 간을 하다

- 教(おし)える 가르치다
- ポイント 포인트
- キムチ 김치
- すっぱい 시다
- まず 먼저
- 切(き)る 썰다
- 炒(いた)める 볶다
- 入(い)れる 넣다
- 煮(に)る 익히다
- 豆腐(とうふ) 두부
- 最後(さいご)に 마지막으로
- 出来上(できあ)がり 완성됨

25

1. 歯(は)を 磨(みが)く · 顔(かお)を 洗(あら)う
   이 닦고 세수합니다.

   →  ＿＿＿＿＿＿＿＿＿＿＿＿＿＿＿＿＿＿＿。

2. 電話(でんわ)する · 会(あ)いに 行(い)く
   전화하고 만나러 갑니다.

   → ＿＿＿＿＿＿＿＿＿＿＿＿＿＿＿＿＿＿＿。

3. ノートに 書(か)く · 読(よ)む
   노트에 쓰고 읽습니다.

   → ＿＿＿＿＿＿＿＿＿＿＿＿＿＿＿＿＿＿＿。

4. 値段(ねだん)を 調(しら)べる · 買(か)う
   가격을 알아보고 삽니다.

   → ＿＿＿＿＿＿＿＿＿＿＿＿＿＿＿＿＿＿＿。

독해연습

해석해 보세요.

洗濯機(せんたくき)の 使(つか)い方(かた)です。まず、電源(でんげん)の ボタンを 押(お)してください。ふたを 開(あ)けて 洗濯物(せんたくもの)を 中(なか)に 入(い)れてください。洗剤(せんざい)も 入(い)れてください。それから、洗濯(せんたく)の コースを 選(えら)んでください。じゃ、洗濯(せんたく)の 時間(じかん)が 決(き)まります。洗濯機(せんたくき)の 故障(こしょう)などは 管理人(かんりにん)に 話(はな)してください。

독해단어

- 洗濯機(せんたくき) 세탁기
- まず 먼저, 우선
- ボタン 버튼
- ふた 뚜껑
- 洗濯物(せんたくもの) 세탁물
- 入(い)れる 넣다
- それから 그리고 나서
- 時間(じかん) 시간
- 故障(こしょう) 고장
- 話(はな)す 얘기하다

- 使(つか)い方(かた) 사용법
- 電源(でんげん) 전원
- 押(お)す 누르다
- 開(あ)ける 열다
- 中(なか) 안
- 洗剤(せんざい) 세제
- 選(えら)ぶ 고르다, 선택하다
- 決(き)まる 결정되다
- 管理人(かんりにん) 관리인

필수단어

다음 단어를 읽고 일본어는 한국어로, 한국어는 일본어로 쓰세요.

1. 教(おし)える
2. 味(あじ)
3. 一番(いちばん)
3. 最後(さいご)
5. 물
6. 넣다
7. 함께
8. 조금

 오문정정

다음 일본어 문장을 읽고 잘못된 부분을 골라 보세요.

1. 커피를 마시고 빵을 먹었습니다.

   コーヒーを 飲(の)みで パンを 食(た)べ ました。
              ❶   ❷   ❸

2. 나와 함께 영화를 봐 주세요.

   私(わたし)と いっしょに 映画(えいが)を 見(み)って ください。
         ❶   ❷   ❸

3. 여행하고 쇼핑을 합니다.

   旅行(りょこう)しっ て 買(か)い物(もの)を します。
         ❶   ❷   ❸

4. 세제를 넣고 버튼을 누릅니다.

   洗剤(せんざい)を 入(い)れ る ボタンを 押(お)します。
                 ❶ ❷   ❸

마무리 1

다음 문장을 일본어로 말해 보세요.

1. 친구를 만나서 영화를 봤습니다.

2. 아침에 일어나서 밥을 먹고 회사에 갑니다.

3. 전화를 걸어서 약속을 했습니다.

4. 친구를 만나서 술을 마셨습니다.

5. 일요일에 목욕을 하고 빨래를 합니다.

6. 오늘은 일찍 집에 가서 푹 쉬겠습니다.

7. 여기에 이름을 써 주세요.

8. 잠시 기다려 주세요.

9. 이쪽으로 들어오세요.

10. 미안하지만, 그 가방을 집어 주세요.

마무리 2

다음 문장을 크게 읽고 한국어로 말해 보세요.

1. 友(とも)だちに 会(あ)って 映画(えいが)を 見(み)ました。

2. 朝(あさ)、起(お)きて ご飯(はん)を 食(た)べて 会社(かいしゃ)に 行(い)きます。

3. 電話(でんわ)を かけて 約束(やくそく)を しました。

4. 友(とも)だちに 会(あ)って お酒(さけ)を 飲(の)みました。

5. 日曜日(にちようび)に お風呂(ふろ)に 入(はい)って 洗濯(せんたく)を します。

6. 今日(きょう)は 早(はや)く 家(うち)に 帰(かえ)って ゆっくり 休(やす)みます。

7. ここに お名前(なまえ)を 書(か)いて ください。

8. ちょっと 待(ま)って ください。

9. こちらに 入(はい)って ください。

10. すみませんが、その かばんを 取(と)って ください。

3

C.h.a.p.t.e.r

<ruby>本<rt>ほん</rt></ruby>を <ruby>読<rt>よ</rt></ruby>んでいる <ruby>人<rt>ひと</rt></ruby>です。

1 ~하고 있습니다(동작진행)

~て います

~て います는 ~て에 います가 연결된 꼴로, 1그룹(5단)동사에는 「て형」에 연결되고, 그 외의 동사에는 ます형에 연결된다.

1그룹 (5단) 동사	~く를 いて로 ~ぐ를 いで로	쓰다 수영하다	かく およぐ	→ かいて → およいで	います います
	~う・~つ・~る를 って로	사다 들다 보내다	かう もつ おくる	→ かって → もって → おくって	います います います
	~ぬ・~む・~ぶ를 んで로	죽다 읽다 날다	しぬ よむ とぶ	→ しんで → よんで → とんで	います います います
	いく는 いって로	가다	いく	→ いって	います
	~す를 して로	지우다	けす	→ けして	います
2그룹 (1단)동사	る를 떼어내고 て를 붙인다.	보다 먹다	みる たべる	→ みて → たべて	います います
3그룹 (불규칙) 동사	하다 する → して います 오다 くる → きて います				

🔵 키무라 씨는 지금 커피를 마시고 飲(の)む 있습니다.

➡ 木村(きむら)さんは　今(いま)　コーヒーを _____。

🔵 나는 텔레비전을 보고 見(み)る 있습니다.

➡ 私(わたし)は　テレビを _____。

🔵 책을 읽고 読(よ)む 있습니다.

➡ 本(ほん)を _____。

🔵 일을 하고 する 있습니다.

➡ 仕事(しごと)を _____。

2 ~하고 있습니다. ~했습니다(착용·완료상태)　

~て います

착용이 완료되어 있는 상태를 표현하며, "~하고 있다"와 "~했다"라는 과거형으로도 해석되므로 과거형으로 표현하지 않도록 주의해야 한다.

⬤▶ **선글라스를 <u>꼈습니다</u>.** <u>かける</u>.

　　→ サングラスを _____。

⬤▶ **빨간 스커트를 <u>입었습니다</u>.** <u>はく</u>.

　　→ 赤(あか)い スカートを _____。

⬤▶ **검은 모자를 <u>썼습니다</u>.** <u>かぶる</u>.

　　→ 黒(くろ)い 帽子(ぼうし)を _____。

⬤▶ **자켓을 <u>입었습니다</u>.** <u>着(き)る</u>.

　　→ ジャケットを _____。

3 ~했습니다(상태연속)

~て います

어떤 상태나 자격이 현재까지 이어져 오고 있다는 것을 나타낸다.

- 키무라 씨는 <u>취직했습니다.</u> <u>就職(しゅうしょく)する</u>.

  木村(きむら)さんは_____。

- 우리 오빠는 <u>결혼했습니다.</u> <u>結婚(けっこん)する</u>.

  私の 兄(あに)は_____。

- 학교에서 일본어를 <u>가르치고 있습니다.</u> <u>教(おし)える</u>.

  学校(がっこう)で 日本語(にほんご)を _____。

- 지금까지도 테니스를 <u>하고</u> <u>する</u> 있습니다.

  いままでも テニスを _____。

4 ~고 있는 (명사연결형)

~て いる

🔴➡️ 담배를 피우고 <u>있는 사람</u>이 스즈키 씨입니다.

タバコを 吸(す)って <u>いる 人(ひと)</u>が 鈴木(すずき)さんです。

🔴➡️ 저기 피어 <u>있는 꽃</u> 이름은 무엇입니까?

あそこに 咲(さ)いて <u>いる 花(はな)</u>の 名前(なまえ)は なんですか。

ふくぶくろ

　새해가 시작되면 상점가에서는, 특히 백화점에서는 하츠우리(初売り)라고
해서 특별히 준비한(수량이 백화점마다 다르기는 하지만 대개700~2,000개
정도 된다) 상품을 파는데 그 이름 하여 유명한 후쿠부쿠로(福袋). 빨간색 종
이봉투에 2-3만 엔 정도의 물건을 넣고 1만 엔에 팔기 때문에 개장 시간 전
에 벌써 입구에는 사람들이 진을 친다. 그래서 백화점 측에서는 문을 열기 전
번호표를 나누어 주고 오후 2시 정도까지만 판매한다고 하는데, 실제로는 30
분만에 다 팔린다고 한다.

本を 読んでいる 人です。

본문

(도서관에서)

ミラ ： ほら、あの 男の 人、私の 先輩です。

山本 ： え? どの 人ですか。

ミラ ： 向こうで 眼鏡を かけて、本を 読んでいる 人です。

山本 ： 赤い シャツを 着ている 人ですか。かっこいいですね。

ミラ ： そうでしょう。

山本 ： 隣の 女性は だれですか。

ミラ ： 奥さんです。先輩は もう 結婚して います。

山本 ： ミラさんは、恋人が いますか。

ミラ ： ええ。彼は 去年 大学を 卒業して 今、銀行に 勤めています。

미라 : 어머나, 저 남자, 우리 선배예요.

야마모또 : 예? 어느 사람이요?

미라 : 맞은편에서 안경을 끼고 책을 읽고 있는 사람 말입니다.

야마모또 : 빨간 셔츠를 입은 사람 말입니까? 멋있는데요.

미라 : 그렇지요.

야마모또 : 옆의 여성은 누구입니까?

미라 : 부인입니다. 선배는 벌써 결혼했습니다.

야마모또 : 미라 씨는 애인이 있습니까?

미라 : 네. 그는 작년에 대학을 졸업하고, 지금 은행에 근무하고 있어요.

단어

- 男(おとこ)の人(ひと) 남자
- どの人(ひと) 어느 사람
- 眼鏡(めがね) 안경
- 読(よ)む 읽다
- シャツ 셔츠
- かっこいい 멋지다
- だれ 누구
- もう 벌써
- 恋人(こいびと) 애인
- 卒業(そつぎょう) 졸업
- 銀行(ぎんこう) 은행

- 先輩(せんぱい) 선배
- 向(むこ)う 맞은편
- かける (안경을)끼다
- 赤(あか)い 빨갛다
- 着(き)る 입다
- 隣(となり) 옆
- 奥(おく)さん 부인
- 結婚(けっこん) 결혼
- 彼(かれ) 그
- 今(いま) 지금
- 勤(つと)める 근무하다

1. 今(いま) / たばこを すう
지금 담배를 피우고 있습니다.

   → _____。

2. 金さん / 帽子(ぼうし)を かぶる
김씨는 모자를 썼습니다.

   → _____。

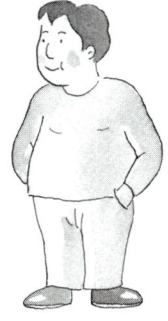

3. 私(わたし)の 父(ちち) / ふとる
우리 아버지는 살쪘습니다.

   → _____。

4. 田中(たなか)さん / 電話(でんわ)を かける
타나까 씨는 전화를 걸고 있습니다.

   → _____。

독해연습

해석해 봅시다.

私(わたし)は 45歳(さい)です。今(いま) 貿易会社(ぼうえきがいしゃ)に 勤(つと)めて います。仕事(しごと)が 多(おお)くて いつも 遅(おそ)くまで 残業(ざんぎょう)を します。それで いつも 疲(つか)れています。それに とても 太(ふと)って います。 それ で 今週(こんしゅう)から 運動(うんどう)を はじめました。朝(あさ) 早(はや)く 起(お)き て スポーツ センターに 通(かよ)って います。

 독해단어

- 今(いま) 지금
- 勤(つと)める 근무하다
- 多(おお)い 많다
- 遅(おそ)く 늦게
- それで 그래서
- 運動(うんどう) 운동
- とても 매우
- 今週(こんしゅう) 이번 주
- 早(はや)く 일찍
- スポーツセンター 스포츠센터

- 貿易会社(ぼうえきがいしゃ) 무역회사
- 仕事(しごと) 일
- いつも 항상, 언제나
- 残業(ざんぎょう) 잔업, 야근
- 疲(つか)れる 지치다
- それに 게다가
- 太(ふと)る 살찌다
- 朝(あさ) 아침
- 起(お)きる 일어나다
- 通(かよ)う 다니다

다음 단어를 읽고 일본어는 한국어로, 한국어는 일본어로 쓰세요.

1. 男(おとこ)の 人(ひと)　　　　　2. 先輩(せんぱい)
3. 向(むこ)う　　　　　　　　　4. かっこいい
5. 안경　　　　　　　　　　　　6. 작년
7. 옆　　　　　　　　　　　　　8. 결혼

다음 일본어 문장을 읽고 잘못된 부분을 골라 보세요.

1. 선생님은 검은 안경을 쓰고 모자를 썼습니다.

　　先生(せんせい)は <u>黒(くろ)い</u> めがねを <u>かけて</u> 帽子(ぼうし)を <u>かけています</u>。
　　　　　　　　　❶　　　　　　　　❷　　　　　　　　　❸

2. 야마다씨 오빠는 결혼했습니까?

　　山田(やまだ)さんの　<u>お兄(にい)さんは</u>　結婚(けっこん)<u>しましたか</u>。
　　　　❶　　　　　　　　❷　　　　　　　　　　　❸

3. 아버지께서는 신문을 읽고 있습니다.

　　<u>父(ちち)は</u> 新聞(しんぶん)を <u>読(よ)み</u> <u>ました</u>。
　　　❶　　　　　　　　　　　❷　　❸

4. 흰 블라우스를 입고, 빨간 치마를 입었습니다.

　　白(しろ)い ブラウスを <u>着(き)て</u>、赤(あか)い スカートを <u>着(き)て</u> <u>います</u>。
　　　　　　　　　❶　　　　　　　　　　　　　　　❷　　　❸

마무리 1

다음 문장을 일본어로 말해 보세요.

1. 키무라 씨는 지금 커피를 마시고 있습니다.

2. 나는 텔레비전을 보고 있습니다.

3. 책을 읽고 있습니다.

4. 일을 하고 있습니다.

5. 선글라스를 꼈습니다.

6. 빨간 스커트를 입었습니다.

7. 검은 모자를 썼습니다.

8. 자켓을 입었습니다.

9. 키무라 씨는 취직했습니다.

10. 우리 오빠는 결혼했습니다.

11. 학교에서 일본어를 가르치고 있습니다.

12. 지금까지도 테니스를 하고 있습니다.

마무리 2

다음 문장을 크게 읽고 한국어로 말해 보세요.

1. 木村(きむら)さんは 今(いま) コーヒーを 飲(の)んでいます。

2. 私(わたし)は テレビを 見(み)ています。

3. 本(ほん)を 読(よ)んでいます。

4. 仕事(しごと)を しています。

5. サングラスを かけています。

6. 赤(あか)い スカートを はいています。

7. 黒(くろ)い 帽子(ぼうし)を かぶっています。

8. ジャケットを 着(き)ています。

9. 木村(きむら)さんは 就職(しゅうしょく)しています。

10. 私(わたし)の 兄(あに)は 結婚(けっこん)しています。

11. 学校(がっこう)で 日本語(にほんご)を 教(おし)えています。

12. いままでも テニスを しています。

4

Chapter

<ruby>写<rt>しゃ</rt></ruby><ruby>真<rt>しん</rt></ruby>を　とっても　いいですか。

1 ~해도 됩니다(까) (허가표현)
~て(で)も いいです(か)

허가나 허락을 구하는 표현이다. 1그룹동사(5단동사)에는 「て형」에 연결되고, 나머지 동사들에는 ます가 연결되는 것과 똑같다.

1그룹 (5단) 동사	~く 를 いて로 ~ぐ 를 いで로	쓰다 수영하다	かく およぐ	→ かいても いいです → およいでも いいです	써도 좋습니다. 수영해도 좋습니다.
	~う·~つ·~る를 って로	사다 들다 보내다	かう もつ おくる	→ かっても いいです → もっても いいです → おくっても いいです	사도 좋습니다. 들어도 좋습니다. 보내도 좋습니다.
	~ぬ·~む·~ぶ 를 んで로	죽다 읽다 날다	しぬ よむ とぶ	→ しんでも いいです → よんでも いいです → とんでも いいです	죽어도 좋습니다. 읽어도 좋습니다. 날아도 좋습니다.
	いく는 いって로	가다	いく	→ いっても いいです	가도 좋습니다.
	~す를 して로	지우다	けす	→ けしても いいです	지워도 좋습니다.
2그룹 (1단) 동사	る를 떼어내고 て를 붙인다.	보다 먹다	みる たべる	→ みても いいです → たべても いいです	봐도 좋습니다. 먹어도 좋습니다.
3그룹 (불규칙) 동사	하다 する → しても いいです 해도 됩니다. 오다 くる → きても いいです 와도 됩니다.				

➤ 당신 친구를 만나 会(あ)う도 됩니까?

→ あなたの 友(とも)だちに _____。

➤ 이 책을 빌려 借(か)りる 도 됩니까?

→ この 本(ほん)を _____。

➤ 여기에서 읽어 読(よ)む도 됩니까?

→ ここで _____。

➤ 친구와 함께 가 行(い)く도 됩니까?

→ 友(とも)だちと いっしょに _____。

➤ 이것은 무료로 먹어 食(た)べる도 됩니까?

→ これは 無料(むりょう)で _____。

---

tip

て형　1그룹(5단) 동사
　　　~く → いて　~ぐ → いで　~う, つ, る → って　~ぬ, ぶ, む → んで
　　※ 行く → 行って
　　2그룹(1단)동사 → 어미 る를 떼어낸다.
　　3그룹(불규칙)동사　する → して　くる → きて

2 ~해서는 안 됩니다(까) (금지표현)

~ては いけません(か)

금지를 나타내는 표현으로, 1그룹(5단)동사에는 「て형」에 연결되고, 나머지 동사들에는 ます형에 연결된다.

1그룹 (5단) 동사	~く를 いて로 ~ぐ를 いで로	쓰다 かく 수영하다 およぐ	→ かいては いけません → およいでは いけません	써서는 안됩니다 수영해서는 안됩니다
	·~う·~つ·~る 를 って로	사다 かう 들다 もつ 보내다 おくる	→ かっては いけません → もっては いけません → おくっては いけません	사서는 안됩니다 들어서는 안됩니다 보내서는 안됩니다
	~ぬ·~む·~ ぶ를 んで로	죽다 しぬ 읽다 よむ 날다 とぶ	→ しんでは いけません → よんでは いけません → とんでは いけません	죽어서는 안됩니다 읽어서는 안됩니다 날아서는 안됩니다
	いく는 いって로	가다 いく	→ いっては いけません	가서는 안됩니다
	~す를 して로	지우다 けす	→ けしては いけません	지워서는 안됩니다
2그룹 (1단)동사	る를 떼어내고 て를 붙인다	보다 みる 먹다 たべる	→ みては いけません → たべては いけません	봐서는 안됩니다 먹어서는 안됩니다
3그룹 (불규칙) 동사	하다 する → しては いけません 해서는 안 됩니다 오다 くる → きては いけません 와서는 안 됩니다			

● 여기서 담배를 피워서 吸(す)う는 안 됩니다.

→ ここで たばこを _____。

● 혼자서 가서 行(い)く는 안 됩니까?

→ 一人(ひとり)で _____。

● 잔디에 들어가서 入(はい)る는 안 됩니다.

→ 芝生(しばふ)に _____。

● 남자는 봐서 見(み)る는 안 됩니까?

→ 男(おとこ)の 人(ひと)は _____。

● 옆 사람과 얘기해서 話(はな)す는 안 됩니다.

→ 隣(となり)の 人(ひと)と _____。

2 WEEK

tip

ます형
1 그룹 동사(5단동사) → 어미를 い단음으로 바꾼다.
2 그룹동사 (1단동사) → 어미 る를 떼어낸다.
3그룹동사(불규칙동사)
　する → し　　くる → き

tip

て형　1그룹(5단) 동사
　　　　 ～く → いて　～ぐ → いで　～う, つ, る → って　～ぬ, ぶ, む → んで
　　　　 ※ 行く → 行って
　　　　 2그룹(1단)동사 → 어미 る를 떼어낸다.
　　　　 3그룹(불규칙)동사　する→ して　くる→ きて

3 ~하면서

ます형 + ~ながら

동시에 두 가지 이상의 동작을 나타내는 표현이다. 동사 ます형에 연결된다.

1그룹(5단) 어미를 い단음으로 바꾸고 ながら를 연결한다.	사다	かう	→	かいながら	사면서
	보내다	おくる	→	おくりながら	보내면서
	기다리다	まつ	→	まちながら	기다리면서
	서두르다	いそぐ	→	いそぎながら	서두르면서
2그룹(1단) る를 떼어내고 ながら를 연결한다.	보다	みる	→	みながら	보면서
	먹다	たべる	→	たべながら	먹으면서
3그룹(불규칙)	하다	する	→	しながら	하면서
	오다	くる	→	きながら	오면서

tip

ます형
1그룹 동사(5단동사) → 어미를 い단음으로 바꾼다.
2그룹동사 (1단동사) → 어미 る를 떼어낸다.
3그룹동사(불규칙동사)
    する → し   くる → き

→ 나는 항상 음악을 들으면서 聞(き)く 공부를 합니다.

    → わたしは いつも 音楽(おんがく)を ＿＿＿＿＿＿＿＿ 勉強(べんきょう)を します。

→ 술을 마시면서 飲(の)む 담배를 피우는 것은 몸에 나쁩니다.

    → 酒(さけ)を ＿＿＿＿＿＿＿＿ たばこを 吸(す)うのは 体(からだ)に わるいです。

→ 나는 샤워를 하면서 シャワーを 浴(あ)びる 노래를 부릅니다.

    → 私(わたし)は ＿＿＿＿＿＿＿＿＿＿＿ 歌(うた)を 歌(うた)います。

→ 걸어가면서 歩(ある)く 신문을 읽는 것은 위험합니다.

    → ＿＿＿＿＿＿＿＿＿ 新聞(しんぶん)を 読(よ)むのは 危(あぶ)ないです。

(박물관에서)

管理員<ruby>かんりいん</ruby>：　すみません。この　部屋<ruby>へや</ruby>で 写真<ruby>しゃしん</ruby>を 撮<ruby>と</ruby>っては いけません。

山本<ruby>やまもと</ruby>：　あっ、すみません。でも この 隣<ruby>となり</ruby>の 部屋<ruby>へや</ruby>では

　　　　写真<ruby>しゃしん</ruby>を 撮<ruby>と</ruby>りましたが...。

管理員<ruby>かんりいん</ruby>：　はい、隣<ruby>となり</ruby>の 部屋<ruby>へや</ruby>では 撮<ruby>と</ruby>っても いいですが、

　　　　ここは 撮影禁止<ruby>さつえいきんし</ruby>です。

山本<ruby>やまもと</ruby>：　そうですか。知<ruby>し</ruby>りませんでした。

管理員<ruby>かんりいん</ruby>：　それから コーヒーも 飲<ruby>の</ruby>んでは いけません。

山本<ruby>やまもと</ruby>：　コーヒーも 飲<ruby>の</ruby>んでは いけませんか。

管理員<ruby>かんりいん</ruby>：　休憩室<ruby>きゅうけいしつ</ruby>では 飲<ruby>の</ruby>んでも いいですが、

　　　　この　部屋<ruby>へや</ruby>で 歩<ruby>ある</ruby>きながら 飲<ruby>の</ruby>んでは いけません。

山本<ruby>やまもと</ruby>：　わかりました。

본문해석

관리원 : 미안합니다. 이 방에서 사진을 찍어서는 안 됩니다.

야마모또 : 아, 미안합니다.

　　　　　 하지만, 이 옆방에서는 사진을 찍었습니다만.

관리원 : 네, 옆방에서는 찍어도 됩니다만,

　　　　 여기는 촬영금지입니다.

야마모또 : 그렇습니까? 몰랐습니다.

관리원 : 그리고 커피도 마셔서는 안 됩니다.

야마모또 : 커피도 마셔서는 안 됩니까?

관리원 : 휴게실에서는 마셔도 됩니다만,

　　　　 이 방에서 걸으면서 마셔서는 안 됩니다.

야마모또 : 알겠습니다.

단어

- この 이
- 写真(しゃしん) 사진
- でも 하지만
- ここ 여기, 이곳
- 禁止(きんし) 금지
- コーヒー 커피
- 休憩室(きゅうけいしつ) 휴게실
- 分(わ)かる 알다

- 部屋(へや) 방
- 撮(と)る 찍다
- 隣(となり) 옆
- 撮影(さつえい) 촬영
- 知(し)る 알다
- 飲(の)む 마시다
- 歩(ある)く 걷다

2 WEEK

53

이·해·하·기·쉬·운·4·주·완·성·일·본·어·두·번·째·걸·음

1. 子供(こども)が 入(はい)っても いいですか。
   어린이가 들어가도 됩니까?

   → いいえ、＿＿＿＿＿＿＿＿＿＿＿＿＿＿＿＿＿。

2. ここに すわっても いいですか。
   여기에 앉아도 됩니까?

   → はい、＿＿＿＿＿＿＿＿＿＿＿＿＿＿＿＿＿。

3. それを ちょっと 見(み)ても いいですか。
   그것을 잠깐 봐도 되겠습니까?

   → いいえ、＿＿＿＿＿＿＿＿＿＿＿＿＿＿＿＿。

4. ちょっと 休(やす)んでも いいですか。
   잠깐 쉬어도 되겠습니까?

   → はい、＿＿＿＿＿＿＿＿＿＿＿＿＿＿＿＿＿。

독해연습

해석해 보세요.

ここでは お金(かね)を 降(お)ろします。貯金(ちょきん)も します。

ここに ある 老眼鏡(ろうがんきょう) などを 使(つか)っても いいですが、

持(も)って 帰(かえ)っては いけません。

でも、封筒(ふうとう)は 持(も)って 帰(かえ)っても いいです。

雑誌(ざっし)は きれいに 見(み)て ください。破(やぶ)っては いけません。

독해단어

- ここ 여기
- 降(お)ろす (돈을)찾다
- 老眼鏡(ろうがんきょう) 돋보기
- 使(つか)う 사용하다
- 封筒(ふうとう) 봉투
- きれいに 깨끗하게
- 破(やぶ)る 찢다

- お金(かね) 돈
- 貯金(ちょきん) 저금
- など 등, 따위
- 持(も)つ 가지다
- 雑誌(ざっし) 잡지
- 見(み)る 보다

필수단어

다음 단어를 읽고 일본어는 한국어로, 한국어는 일본어로 쓰세요.

1. 部屋(へや)
2. 隣(となり)
3. 休憩室(きゅうけいしつ)
4. ここ
5. 옆
6. 찍다
7. 커피
8. 사진

 오문정정

다음 일본어 문장을 읽고 잘못된 부분을 골라 보세요.

1. 이 오뎅은 무료로 먹어도 됩니까?

   この おでんは 無料(むりょう)で 食(た)べ ても なりますか。
                            ❶   ❷   ❸

2. 토요일에는 학교에 가면 안 됩니다.

   土曜日(どようび)には 学校(がっこう)に 行(い)っては いけます。
               ❶   ❷   ❸

3. 전화하면서 메모를 합니다.

   電話(でんわ)する ながら メモを します。
        ❶   ❷   ❸

4. 한자를 쓰면서 읽습니다.

   漢字(かんじ)を 書(か)い ながら 読(よ)みます。
             ❶   ❷   ❸

마무리 1

다음 문장을 일본어로 말해 보세요.

1. 당신 친구를 만나도 됩니까?

2. 이 책을 빌려도 됩니까?

3. 여기에서 읽어도 됩니까?

4. 친구와 함께 가도 됩니까?

5. 이것은 무료로 먹어도 됩니까?

6. 여기서 담배를 피워서는 안 됩니다.

7. 혼자서 가서는 안 됩니까?

8. 잔디에 들어가서는 안 됩니다.

9. 남자는 봐서는 안 됩니까?

10. 옆 사람과 얘기해서는 안 됩니다.

11. 나는 항상 음악을 들으면서 공부를 합니다.

12. 나는 샤워를 하면서 노래를 부릅니다.

마무리 2

다음 문장을 크게 읽고 한국어로 말해 보세요.

1. あなたの 友(とも)だちに 会(あ)っても いいですか。

2. この 本(ほん)を 借(か)りても いいですか。

3. ここで 読(よ)んでも いいですか。

4. 友(とも)だちと いっしょに 行(い)っても いいですか。

5. これは 無料(むりょう)で 食(た)べても いいですか。

6. ここで たばこを 吸(す)っては いけません。

7. 一人(ひとり)で 行(い)っては いけませんか。

8. 芝生(しばふ)に 入(はい)っては いけません。

9. 男(おとこ)の 人(ひと)は 見(み)ては いけませんか。

10. 隣(となり)の 人(ひと)と 話(はな)しては いけません。

11. わたしは いつも 音楽(おんがく)を 聞(き)きながら 勉強(べんきょう)を します。

12. 私(わたし)は シャワーを 浴(あ)びながら 歌(うた)を 歌(うた)います。

5

C.h.a.p.t.e.r

プレゼントを もらいました。

1 (다른 사람에게) ~을 줍니다(까)

~を あげます(か)

남에게 뭔가를 줄 때 쓰는 표현이다.

🔘 나는 친구에게 책을 줍니다.

→ 私(わたし)は 友(とも)だちに 本(ほん)を ＿＿＿＿＿＿＿。

🔘 친구는 김씨에게 선물을 줍니다.

→ 友(とも)だちは 金さんに プレゼントを ＿＿＿＿＿＿＿。

(손위 사람에게) ~을 드립니다(까) / ~을 さしあげます(か)

🔘 타나까 씨가 선생님에게 빵을 드렸습니까?

→ 田中(たなか)さんが 先生(せんせい)に パンを ＿＿＿＿＿＿＿。

🔘 여동생이 타카하시 씨에게 사진을 드릴 겁니다.

→ 妹(いもうと)が 高橋(たかはし)さんに 写真(しゃしん)を ＿＿＿＿＿＿＿。

2 (다른 사람이) ~을 줍니다(까)

~を くれます(か)

다른 사람이 나 또는 내 쪽 사람에게 뭔가를 줄 때 쓰는 표현이다.

🔘 아버지는 나에게 시계를 <u>주었습니다</u>.

→ 父(ちち)は 私(わたし)に 時計(とけい)を _____。

🔘 친구는 내 여동생에게 책을 <u>주었습니다</u>.

→ 友(とも)だちは 私(わたし)の 妹(いもうと)に 本(ほん)を _____。

(손위 사람이) ~을 주십니다(까) / ~을 くださいます(か)

🔘 선배님께서 제 남동생에게 구두를 <u>주셨습니까?</u>

→ 先輩(せんぱい)が 私(わたし)の 弟(おとうと)に 靴(くつ)を _____。

🔘 타나까 씨께서 저에게 마네끼네꼬를 <u>주셨습니다</u>.

→ 田中(たなか)さんが 私(わたし)に 招(まね)き猫(ねこ)を _____。

3 (다른 사람에게서) ~을 받습니다(까)

~を もらいます(か)

뭔가를 받을 때 받는 사람입장에서 쓰는 표현으로, 물건을 주는 주체에 に를 쓴다.

⬤➡ 아버지<u>에게</u> 시계를 <u>받았습니다</u>.

　➡ 父(ちち)<u>に</u> 時計(とけい)を ＿＿＿＿＿＿＿＿。

⬤➡ 여동생은 친구<u>에게</u> 책을 <u>받았습니다</u>.

　➡ 妹(いもうと)は 友(とも)だち<u>に</u> 本(ほん)を ＿＿＿＿＿＿＿＿。

(손위 사람에게서) ~을 받습니다(까) / ~를 いただきます(か)

⬤➡ 선생님<u>으로부터</u> 선물을 <u>받았습니다</u>.

　➡ 先生(せんせい)<u>に</u> お土産(みやげ)を ＿＿＿＿＿＿＿＿。

⬤➡ 사장님<u>으로부터</u> 보너스를 <u>받았습니다</u>.

　➡ 社長(しゃちょう)<u>に</u> ボーナスを ＿＿＿＿＿＿＿＿。

4 ~하러 가다 (동작의 목적)

동사의 ます형 + に 行(い)く
동작성 명사 + に 行(い)く

동작을 나타내는 명사(유학, 쇼핑, 여행, 출장 등)와 동사 ます형에 に가 붙으면, 그 행위의 목적을 나타내는 표현이 되어, "~(하)러 간다"는 의미가 된다.

→ 내일 친구와 쇼핑 買(か)い 物(もの)하러 갑니다.

→ 明日(あした)、友(とも)だちと _____ に 行(い)きます。

→ 야마다 씨와 영화를 보러 見(み)る 갔습니다.

→ 山田(やまだ)さんと 映画(えいが)を _____ に 行(い)きました。

→ 책을 사러 買(か)う 갑니다.

→ 本(ほん)を _____ に 行(い)きます。

→ 그녀를 만나러 会(あ)う 왔습니다.

→ 彼女(かのじょ)に _____ に 来(き)ました。

tip

> **ます형**
> 1 그룹 동사(5단동사) → 어미를 い단음으로 바꾼다.
> 2 그룹동사 (1단동사) → 어미 る를 떼어낸다.
> 3그룹동사(불규칙동사)
> する → し   くる → き

プレゼントを もらいました。

(시내 커피숍에서)

ミラ： この デジカメ、とても 小_{ちい}さいですね。

山本_{やまもと}さんが 買_かいましたか。

山本_{やまもと}： いいえ。母_{はは}に もらいました。

ミラ： うらやましいですね。ところで、今週_{こんしゅう}の 土曜日_{どようび}は 姉_{あね}の

誕生日_{たんじょうび}ですが、なにが いいでしょうか。

山本_{やまもと}： そうですね。もう 春_{はる}ですから ピンクの 口紅_{くちべに}は どうですか。

ミラ： 口紅_{くちべに}は 去年_{きょねん}の 誕生日_{たんじょうび}に あげました。

山本_{やまもと}： そうですか。それでは 香水_{こうすい}は どうですか。

ミラ： 香水_{こうすい}も いいですね。

山本_{やまもと}さん、私_{わたし}と 一緒_{いっしょ}に 香水_{こうすい}を 買_かいに 行_いきませんか。

본문해석 ∙∙

(시내 커피숍에서)

미라 : 이 디카, 매우 작네요. 야마모또 씨가 샀나요?

야마모또 : 아뇨, 엄마한테 받았습니다.

미라 : 부럽군요. 그런데, 이번 주 토요일은 언니

생일입니다만, 무엇이 좋을까요?

야마모또 : 글쎄요. 이제 봄이니까, 핑크색 립스틱은 어떻습니까?

미라 : 립스틱은 작년 생일에 주었습니다.

야마모또 : 그렇습니까? 그럼, 향수는 어떻습니까?

미라 : 향수도 좋겠네요.

야마모또 씨, 나와 함께 향수를 사러 가지 않을래요?

단어

- デジカメ 디지털카메라
- 買(か)う 사다
- もらう 받다
- ところで 그런데
- 土曜日(どようび) 토요일
- なに 무엇
- ピンク 핑크
- 去年(きょねん) 작년
- 香水(こうすい) 향수

- 小(ちい)さい 작다
- 母(はは) 엄마
- うらやましい 부럽다
- 今週(こんしゅう) 이번주
- 姉(あね) 언니, 누나
- 春(はる) 봄
- 口紅(くちべに) 립스틱
- あげる 주다
- 一緒(いっしょ)に 함께

회화연습

1. 金(きん)さん / 私 / 本(ほん)

   → 金さんは ＿＿＿に 本_{ほん}を ＿＿＿＿ 。

2. ともだち / 金さん / 時計(とけい)

   → ともだちは ＿＿＿に 時計_{とけい}を ＿＿＿＿。

3. 金さん / 弟(おとうと) / 花(はな)

   → 金さん は ＿＿＿に 花_{はな}を ＿＿＿＿。

4. 父(ちち) / 私(わたし) / ケータイ

   → 父(ちち)は ＿＿＿に ケータイを ＿＿＿。

66

해석해 보세요.

私(わたし)は 来月(らいげつ) 一年間(いちねんかん)の 韓国語(かんこくご)の 勉強(べんきょう)を 終(お)えて、日本(にほん)に 帰(かえ)ります。鈴木(すずき)さんは 先週(せんしゅう)、韓国(かんこく)に 来(き)ました。鈴木(すずき)さんも 一年間(いちねんかん) 韓国語(かんこくご)の 勉強(べんきょう)を します。 それで 私の 扇風機(せんぷうき)を すずきさんに あげまし 。扇風機(せんぷうき)は 去年(きょねん) 金さんに もらいました。 それから 電気炊飯器(でんきすいはんき)は リンさんに あげました。電気炊飯器(でんきすいはんき)は 先輩(せんぱい)がくれました。

 독해단어

- 来月(らいげつ) 다음달
- 韓国語(かんこくご) 한국어
- 終(お)える 끝내다
- 先週(せんしゅう) 지난 주
- それで 그래서
- あげる 주다
- もらう 받다
- 先輩(せんぱい) 선배

- 一年間(いちねんかん) 1년간
- 勉強(べんきょう) 공부
- 帰(かえ)る 돌아가다
- 韓国(かんこく) 한국
- 扇風機(せんぷうき) 선풍기
- 去年(きょねん) 작년
- 電気炊飯器(でんきすいはんき) 전기밥솥
- くれる 주다

다음 단어를 읽고 일본어는 한국어로, 한국어는 일본어로 쓰세요.

1. 小(ちい)さい
2. 姉(あね)
3. もらう
4. うらやましい
5. 립스틱
6. 이번 주
7. 생일
8. 디지털카메라

 오문정정

다음 일본어 문장을 읽고 잘못된 부분을 골라 보세요.

1. 오빠가 아버지께 모자를 주었습니다.

   兄(あに)が 父(ちち)に 帽子(ぼうし)を くれました。
   ❶   ❷   ❸

2. 친구가 나에게 책을 주었습니다.

   友(とも)だちが わたしに 本(ほん)を あげました。
   ❶   ❷   ❸

3. 선생님이 여동생에게 사전을 주셨습니다.

   先生(せんせい)から 妹(いもうと)に 辞書(じしょ)を くださいました。
   ❶   ❷   ❸

4. 친구와 함께 옷을 사러 백화점에 갔습니다.

   友達(ともだち)と 一緒(いっしょ)に 服(ふく)を かってに デパートへ 行(い)きました。
   ❶   ❷   ❸

마무리 1

다음 문장을 일본어로 말해 보세요.

1. 나는 친구에게 책을 줍니다.

2. 친구는 김씨에게 선물을 줍니다.

3. 타나까 씨가 선생님에게 빵을 드렸습니까?

4. 여동생이 타카하시 씨에게 사진을 드릴 겁니다.

5. 아버지는 나에게 시계를 주었습니다.

6. 친구는 내 여동생에게 책을 주었습니다.

7. 선배님께서 제 남동생에게 구두를 주셨습니까?

8. 타나까 씨께서 저에게 마네끼네꼬를 주셨습니다.

9. 아버지에게 시계를 받았습니다.

10. 여동생은 친구에게 책을 받았습니다.

11. 선생님으로부터 선물을 받았습니다.

12. 사장님으로부터 보너스를 받았습니다.

마무리 2

다음 문장을 크게 읽고 한국어로 말해 보세요.

1. 私(わたし)は 友(とも)だちに 本(ほん)を あげます。

2. 友(とも)だちは 金さんに プレゼントを あげます。

3. 田中(たなか)さんが 先生(せんせい)に パンを さしあげましたか。

4. 妹(いもうと)が 高橋(たかはし)さんに 写真(しゃしん)を さしあげます。

5. 父(ちち)は 私(わたし)に 時計(とけい)を くれました。

6. 友(とも)だちは 私(わたし)の 妹(いもうと)に 本(ほん)を くれました。

7. 先輩(せんぱい)が 私(わたし)の 弟(おとうと)に 靴(くつ)を くださいましたか。

8. 田中(たなか)さんが 私(わたし)に 招(まね)き猫(ねこ)を くださいました。

9. 父(ちち)に 時計(とけい)を もらいました。

10. 妹(いもうと)は 友(とも)だちに 本(ほん)を もらいました。

11. 先生(せんせい)に お土産(みやげ)を いただきました。

12. 社長(しゃちょう)に ボーナスを いただきました。

6

C.h.a.p.t.e.r

ボランティアを した ことが
あります。

1 ~했다

~た(과거)

동사에 ~た를 연결하면 과거를 나타내며, 일본어에서 과거형은 과거완료를 의미한다. 1그룹(5단)동사에는 て형에 연결되며, 2그룹(1단)동사와 3그룹(불규칙)동사에는 ます형에 연결된다.

1그룹동사 **(5단동사)**	~く 를 いた로 ~ぐ 를 いだ로	쓰다 수영하다	かく およぐ	→ かいた → およいだ	썼다 수영했다
	~う・~つ・~る를 った로	사다 들다 보내다	かう もつ おくる	→ かった → もった → おくった	샀다 들었다 보냈다
	~ぬ・~む・~ぶ를 んだ로	죽다 읽다 날다	しぬ よむ とぶ	→ しんだ → よんだ → とんだ	죽었다 읽었다 날았다
	いく는 いった로	가다	いく	→ いった	갔다
	~す를 した로	지우다	けす	→ けした	지웠다
2그룹동사 **(1단동사)**	る를 떼어내고 た를 붙인다.	보다 먹다	みる たべる	→ みた → たべた	봤다 먹었다
3그룹동사 **(불규칙동사)**	하다 する → した 했다 오다 くる → きた 왔다				

tip

て형
1그룹 동사(5단동사)
　~く → いて　~ぐ → いで
　~つ, つ, る → って　~ぬ, ぶ, む → んで
　※ 行く → 行って
2그룹동사 (1단동사) → 어미 る를 떼어낸다.
3그룹동사(불규칙동사) する→し　くる→き

tip

ます형
1그룹 동사(5단동사)
　→ 어미를 い단음으로 바꾼다.
2그룹동사 (1단동사)
　→ 어미 る를 떼어낸다.
3그룹동사(불규칙동사)
　する → し
　くる → き

2 ~한 적이 있다
~た ことが ある

과거의 ~た에 ことが ある를 연결하면 경험이 있었다는 것을 나타내며, 경험이 없을 때는 ~た ことが ない를 붙인다.

● 동경에 간 行(い)く 적이 있습니다.

   → 東京(とうきょう)に ＿＿＿＿＿＿＿＿＿＿＿＿＿。

● 한국의 김치를 먹은 食(た)べる 적이 있습니다.

   → 韓国(かんこく)の キムチを ＿＿＿＿＿＿＿＿＿＿＿＿＿。

● 일본어로 전화를 한 する 적은 없습니다.

   → 日本語(にほんご)で 電話(でんわ)を ＿＿＿＿＿＿＿＿＿＿＿＿＿。

● 일본 맥주를 마신 飲(の)む 적이 없습니다.

   → 日本(にほん)の ビールを ＿＿＿＿＿＿＿＿＿＿＿＿＿。

3 ~고 싶다

동사 ます형 + ~たい (희망표현)

말하는 사람의 희망을 표현하며, 동사의 ます형에 연결한다.

たい는 い로 끝나므로 어미활용은 い형용사와 같다. 따라서 하고 싶지 않다는 부정표현은 어미い를 く로 바꾸고 부정의 ない를 연결한다.

1그룹(5단) 어미를 い단음으로 바꾸고 たい를 연결한다.	만나다	あう	→	あいたい	↔	あいたくない
	보내다	おくる	→	おくりたい	↔	おくりたくない
	지우다	けす	→	けしたい	↔	けしたくない
	쓰다	かく	→	かきたい	↔	かきたくない
2그룹(1단) る를 떼어내고 たい를 연결한다.	보다	みる	→	みたい	↔	みたくない
	먹다	たべる	→	たべたい	↔	たべたくない
3그룹(불규칙)	하다	する	→	したい	↔	したくない
	오다	くる	→	きたい	↔	きたくない

tip

ます형
1그룹 동사(5단동사) → 어미를 い단음으로 바꾼다.
2그룹동사 (1단동사) → 어미 る를 떼어낸다.
3그룹동사(불규칙동사)
　する → し　　くる → き

→ 일본에 가고 行(い)く 싶습니다.

→ 日本(にほん)に ＿＿＿＿＿＿＿＿＿＿＿＿＿＿＿。

→ **영화를 보고 見(み)る 싶습니다.**

→ 映画(えいが)を ＿＿＿＿＿＿＿＿＿＿＿＿＿＿＿。

→ 두 번 다시 이 음식은 먹고 食(た)べる 싶지 않습니다.

→ 二度(にど)と この 食(た)べ物(もの)は ＿＿＿＿＿＿＿＿＿＿＿＿＿＿＿。

→ 그런 기사는 읽고 読(よ)む 싶지 않습니다.

→ あんな 記事(きじ)は ＿＿＿＿＿＿＿＿＿＿＿＿＿＿＿。

ボランティアを した ことが あります。

山本 (やまもと)： ミラさん、どこかへ　行(い)きますか。

ミラ： ええ、韓国語(かんこくご)を　教(おし)えに　行きます。

山本 (やまもと)： アルバイトですか。

ミラ： いいえ、ボランティアです。

山本 (やまもと)： そうですか。

私(わたし)も 日本(にほん)では 日本語(にほんご)を　教(おし)える ボランティアを

した ことが あります。本当(ほんとう)に いい　経験(けいけん)でした。

ミラ： ボランティアは やり甲斐(がい)のある ことですからね。

私(わたし)は 将来(しょうらい)、外国(がいこく)でも 韓国語(かんこくご)を 教(おし)えたいです。

76

야마모또 : 미라 씨, 어디에 가나요?

미라 : 네, 한국어를 가르치러 갑니다.

야마모또 : 아르바이트입니까?

미라 : 아니오, 자원봉사에요.

야마모또 : 그렇습니까?

저도 일본에서는 일본어를 가르치는 자원봉사를

한 적이 있습니다. 정말 좋은 경험이었습니다.

미라 : 자원봉사는 보람 있는 일이니까요.

저는 앞으로 외국에서도 한국어를 가르치고 싶습니다.

단어

- 出(で)かける 외출하다
- 教(おし)える 가르치다
- ボランティア 자원봉사
- よい 좋다
- 将来(しょうらい) 장래, 미래

- 韓国語(かんこくご) 한국어
- アルバイト 아르바이트
- 本当(ほんとう)に 정말로
- やり甲斐(がい) 보람
- 外国(がいこく) 외국

회화연습

1. 혼자서 영화를 본 적이 있습니까?

   一人(ひとり)で 映画(えいが)を 見(み)た ことが ありますか。

   → はい。_____。

2. 인터넷에서 쇼핑을 한 적이 있습니까?

   インターネットで 買(か)い物(もの)をした ことが ありますか。

   → いいえ。_____。

3. 온천에 간 적이 있습니까?

   温泉(おんせん)に 行(い)った ことが ありますか。

   → いいえ。_____。

4. 일본 노래를 부른 적이 있습니까?

   日本の 歌(うた)を 歌(うた)った ことが ありますか。

   → はい。_____。

독해연습

해석해 보세요.

今週(こんしゅう)の 土曜日(どようび)に 日本(にほん)の 祭(まつ)りに 行(い)きます。

写真(しゃしん)では 見(み)た ことが ありますが、行(い)った ことは ありません。

友達(ともだち)と 一緒(いっしょ)に 花火(はなび)も したいです。屋台(やたい)で

たこ焼(や)きも 食(た)べたいです。日本(にほん)の 踊(おど)りも 見(み)たいです。

 독해단어

- 今週(こんしゅう) 이번 주
- 土曜日(どようび) 토요일
- 祭(まつ)り 마쯔리, 축제
- 写真(しゃしん) 사진
- 友達(ともだち) 친구
- 一緒(いっしょ)に 함께
- 花火(はなび) 불꽃놀이
- 屋台(やたい) 포장마차
- たこ焼(や)き 타코야키(문어가 들어간 풀빵)
- 踊(おど)り 춤

다음 단어를 읽고 일본어는 한국어로, 한국어는 일본어로 쓰세요.

1. 行(い)く
2. 教(おし)える
3. 経験(けいけん)
4. ボランティア
5. 아르바이트
6. 보람
7. 외국
8. 한국어

 오문정정

다음 일본어 문장을 잘못된 부분을 골라 보세요.

1. 일본어로 메일을 쓴 적이 있습니다.

   日本語(にほんご)で メールを 書(か)く ことが あります。
   　　　　　　❶　　　　　　　　❷　　❸

2. 아직 유럽에 간 적은 없습니다.

   まだ ヨーロッパへ 行(い)った ことは いません。
   　　　　　　❶　　❷　　　　　　❸

3. 휴일에는 집에서 푹 쉬고 싶습니다.

   休(やす)みは 家(うち)で ゆっくり やすんたいです。
   　　　　　　　❶　　❷　　　　❸

4. 오늘은 어딘가 놀러 가고 싶네요.

   今日(きょう)は どこか 遊(あそ)びに 行(い)き ますたいです。
   　　　　　　❶　　　　　　　　❷　　❸

마무리 1

다음 문장을 일본어로 말해 보세요.

1. 동경에 간 적이 있습니다.

2. 한국의 김치를 먹은 적이 있습니다.

3. 일본어로 전화를 한 적은 없습니다.

4. 일본 맥주를 마신 적이 없습니다.

5. 일본에 가고 싶습니다.

6. 영화를 보고 싶습니다.

7. 두 번 다시 이 음식은 먹고 싶지 않습니다.

8. 그런 기사는 읽고 싶지 않습니다.

마무리 2

다음 문장을 크게 읽고 한국어로 말해 보세요.

1. 東京(とうきょう)に 行(い)った ことが あります。

2. 韓国(かんこく)の キムチを 食(た)べた ことが あります。

3. 日本語(にほんご)で 電話(でんわ)を した ことは ありません。

4. 日本(にほん)の ビールを 飲(の)んだ ことが ありません。

5. 日本(にほん)に 行(い)きたいです。

6. 映画(えいが)を 見(み)たいです。

7. 二度(にど)と この 食(た)べ物(もの)は 食(た)べたくありません。

8. あんな 記事(きじ)は 読(よ)みたくありません。

7

Chapter

あまり 無理<ruby>む</ruby><ruby>り</ruby>しないでください。

〜하지 마세요

1 ~지 않다

동사 ない형 + ~ない

반말체 부정표현인 「~ない」는 동사의 ない형에 연결된다.

ない형 만드는 방법은 1그룹(5단)동사는 어미의 あ단으로 바꾼다. 단, う로 끝나는 동사는 「わ」로 바꾼다. 2그룹(1단)동사는 어미る를 떼며, 3그룹(불규칙)동사는 일정한 규칙이 없으므로 외운다.

1그룹(5단) 어미를 あ단음으로 바꾸고 ない를 연결한다	만나다	あう	→	あわない	만나지 않다
	보내다	おくる	→	おくらない	보내지 않다
	기다리다	まつ	→	またない	기다리지 않다
	서두르다	いそぐ	→	いそがない	서두르지 않다
2그룹(1단) る를 떼어내고 ない를 연결한다	보다	みる	→	みない	보지 않다
	먹다	たべる	→	たべない	먹지 않다
3그룹(불규칙) 그냥 외운다	하다	する	→	しない	하지 않다
	오다	くる	→	こない	오지 않다.

2 ~하지 마세요

문형연습

동사 ない형 + ないで ください

부드러운 금지표현인 「~ないで ください」는 "~하지 마세요."라고 해석되지만, 주의를 주는 표현이므로 조심해서 사용해야 한다. 각 동사의 ない형에 연결된다.

여기에서는 사진을 찍지 撮(と)る 마세요.
→ ここでは 写真(しゃしん)を _____。

내일까지 아무것도 먹지 食(た)べる 마세요.
→ 明日(あした)まで 何(なに)も _____。

내일은 오지 来(く)る 마세요.
→ 明日(あした)は _____。

오늘은 감기니까 운동하지 運動(うんどう)する 마세요.
→ 今日(きょう)は 風邪(かぜ)ですから _____。

수업 중에는 핸드폰을 사용하지 使(つか)う 마세요.
→ 授業中(じゅぎょうちゅう)は ケータイを _____。

tip

ない형
1그룹 동사(5단동사) → 어미를 あ단음으로 바꾼다.
2그룹동사 (1단동사) → 어미 る를 떼어낸다.
3그룹동사(불규칙동사) → する → し　くる → こ

3 너무, 별로

あまり

→ **너무** 마시지 마세요.

   → あまり 飲(の)まないで ください。

→ 역에서 집까지 **너무** 멉니다.

   → 駅(えき)から 家(うち)まで あまり 遠(とお)いです。

→ 역에서 집까지 **별로** 멀지 않습니다.

   → 駅(えき)から 家(うち)まで あまり 遠(とお)くありません。

→ 술은 **별로** 마시지 않습니다.

   → お酒(さけ)は あまり 飲(の)みません。

4 ~(이)겠지요
~でしょう

끝의 억양을 올리거나 내리는 것에 따라 추측이나 확인 등을 나타낸다.
명사와 な형용사, い형용사에는 です가 연결되는 것과 똑같으며, 동사에는
기본형에 연결된다.

🔘→ 그는 학생이겠지요?

　　彼(かれ)は 学生(がくせい)でしょう。

🔘→ 새 컴퓨터는 편리하겠지요?

　　新(あたら)しい コンピュータは 便利(べんり)でしょう。

🔘→ 내일은 춥겠지요?

　　明日(あした)は 寒(さむ)いでしょう。

🔘→ 그녀는 가겠지요?

　　彼女(かのじょ)は 行(い)くでしょう。

あまり 無理しないでください。

ミラ： どうしたんですか。顔色が わるいですよ。

山本： 夕べから 頭が 痛くて、熱も 少し あります。

ミラ： 山本さん、このごろ レポートで 大変だと 聞きました。

山本： はい、レポートが 明日までですから、仕方が ないんです。

ミラ： でも 健康が 一番 大事ですから、

　　　 あまり 無理しないでください。

山本： はい。それより 私、昼ごはんも まだです。

　　　 なにか 食べたいなあ。

ミラ： サムゲタンは どうですか。具合いが 悪い 時は

　　　 栄養の ある ものを 食べてください。

본문해석

미라: 무슨 일 입니까? 얼굴색이 나쁘네요.

야마모또 : 어젯밤부터 머리가 아프고, 열도 조금 있습니다.

미라: 야마모또 씨, 요즘 리포트로 힘들다고 들었어요.

야마모또 : 네, 리포트가 내일까지이기 때문에, 하는 수 없습니다.

미라: 하지만, 건강이 제일 중요하니까,

너무 무리하지 마세요.

야마모또 : 네. 그것보다 나 점심도 아직이에요.

뭔가 먹고 싶네.

미라: 삼계탕은 어떻습니까? 몸의 상태가 나쁠 때는

영양이 있는 것을 먹으세요.

단어

- 顔色(かおいろ) 얼굴색, 안색
- 夕(ゆう)べ 어젯밤
- 痛(いた)い 나쁘다
- 少(すこ)し 조금
- このごろ 요즘
- 大変(たいへん)だ 힘들다
- 明日(あした) 내일
- でも 하지만
- 一番(いちばん) 가장, 제일
- あまり 너무
- それより 그것보다
- 昼御飯(ひるごはん) 점심밥
- 栄養(えいよう) 영양

- わるい 나쁘다
- 頭(あたま) 머리
- 熱(ねつ) 열
- ある 있다
- レポート 리포트
- 聞(き)く 듣다
- 仕方(しかた) 하는 수
- 健康(けんこう) 건강
- 大事(だいじ)だ 중요하다
- 無理(むり)する 무리하다
- まだ 아직
- なにか 무언가

회화연습

行(い)く

1. 회사에 가지 마세요.

   → 会社(かいしゃ)に ＿＿＿＿＿＿＿＿＿。

捨(す)てる

2. 쓰레기를 버리지 마세요.

   → ゴミを ＿＿＿＿＿＿＿＿＿＿＿＿＿。

辞(や)める

3. 일을 그만두지 마세요.

   → 仕事(しごと)を ＿＿＿＿＿＿＿＿＿＿。

忘(わす)れる

4. 약속을 잊지 마세요.

   → 約束(やくそく)を ＿＿＿＿＿＿＿＿。

90

해석해 보세요.

傷(きず)、はれもの など、異常(いじょう)の ある 時(とき)は 使(つか)わないでください。 使用中(しようちゅう)や 使用後(しようご)、日光(にっこう)に あたって、赤(あか)み、はれ、かゆみ、刺激(しげき)などの 異常(いじょう)が あらわれた 時(とき)は 使用(しよう)を やめて、皮膚科(ひふか) などへ 相談(そうだん)してください。

目(め)に 入(はい)った 時(とき)は 直(ただ)ちに 洗(あら)い流(なが)して ください。

 독해단어

- 傷(きず) 상처
- など 등, 따위
- ある 있다
- 使用中(しようちゅう) 사용 중
- 日光(にっこう) 일광
- 赤(あか)み 붉은 기
- かゆみ 가려움
- あらわれる 나타나다
- 皮膚科(ひふか) 피부과
- 目(め) 눈
- 直(ただ)ちに 곧

- はれもの 종기
- 異常(いじょう) 이상
- 使(つか)う 사용하다
- 使用後(しようご) 사용후
- あたる (햇볕이)들다, 비치다
- はれ 부기
- 刺激(しげき) 자극
- やめる 그만두다, 중지하다
- 相談(そうだん) 상담
- 入(はい)る 들어가다
- 洗(あら)い流(なが)す 씻어내다

필수단어

다음 단어를 읽고 일본어는 한국어로, 한국어는 일본어로 쓰세요.

1. 顔色(かおいろ)
2. 健康(けんこう)
3. 悪(わる)い
4. 痛(いた)い
5. 열
6. 요즘
7. 무리
8. 너무

 오문정정

다음 일본어 문장을 읽고 잘못된 부분을 골라 보세요.

1. 그는 두 번 다시 만나지 않겠다.

   彼(かれ)には 二度(にど)と 会(あ)あ ない。
   　　❶　　　　　　　　　❷　❸

2. 큰 소리로 이야기하지 마세요.

   大声(おおごえ)で 話(はな)さ なくて ください。
   　　　　　　　❶　　❷　　❸

3. 너무 먹지 마세요.

   あまり 食(た)べて ないで ください。
   　　　❶　　　❷　　　❸

4. 오늘은 바쁘니까 가지 마세요.

   今日(きょう)は 忙(いそが)しいですから 行(い)きないで ください。
   　　　　　　　　　❶　　　　　　　❷　　　　　❸

마무리 1

다음 문장을 일본어로 말해 보세요.

1. 여기에서는 사진을 찍지 마세요.

2. 내일까지 아무것도 먹지 마세요.

3. 내일은 오지 마세요.

4. 오늘은 감기니까 운동하지 마세요.

5. 수업 중에는 핸드폰을 사용하지 마세요.

6. 너무 마시지 마세요.

7. 역에서 집까지 너무 멉니다.

8. 역에서 집까지 별로 멀지 않습니다.

9. 술은 별로 마시지 않습니다.

10. 그는 학생이겠지요?

11. 새 컴퓨터는 편리하겠지요?

마무리 2

다음 문장을 크게 읽고 한국어로 말해 보세요.

1. ここでは 写真(しゃしん)を 撮(と)らないで ください。

2. 明日(あした)まで 何(なに)も 食(た)べないで ください。

3. 明日(あした)は 来(こ)ないで ください。

4. 今日(きょう)は 風邪(かぜ)ですから 運動(うんどう)しないで ください。

5. 授業中(じゅぎょうちゅう)は ケータイを 使(つか)わないで ください。

6. あまり 飲(の)まないで ください。

7. 駅(えき)から 家(うち)まで あまり 遠(とお)いです。

8. 駅(えき)から 家(うち)まで あまり 遠(とお)くありません。

9. お酒(さけ)は あまり 飲(の)みません。

10. 彼(かれ)は 学生(がくせい)でしょう。

11. 新(あたら)しい コンピュータは 便利(べんり)でしょう。

8

Chapter

ゲームも できますか。

~를 할 수 있다 (가능표현)

1 ~할 수 있다(가능표현)

~が できる

문형연습

"할 수 있다"라는 가능의 뜻을 표현하며, 동사에는 기본형에 「~ことが できる」를 연결하고, 명사에는 「~が できる」를 연결한다.

명사	골프	ゴルフ	→	ゴルフが できる	골프를 할 수 있다
	운전	運転(うんてん)	→	運転が できる	운전을 할 수 있다
1그룹동사 (5단)	가다	行(い)く	→	行(い)く ことが できる	갈 수 있다
	마시다	飲(の)む	→	飲(の)む ことが できる	마실 수 있다
2그룹동사 (1단)	보다	見(み)る	→	見(み)る ことが できる	볼 수 있다
	먹다	食(た)べる	→	食(た)べる ことが できる	먹을 수 있다
3그룹동사 (불규칙)	하다	する	→	する ことが できる	할 수 있다
	오다	来(く)る	→	来(く)る ことが できる	올 수 있다

➡ 한자를 쓸 書(か)く 수 있습니까?

　　漢字(あんじ)が ＿＿＿＿＿＿＿＿＿＿＿＿＿＿＿。

➡ 주말에 외출할 出掛(でか)ける 수 있습니까?

　　週末(しゅうまつ)に ＿＿＿＿＿＿＿＿＿＿＿＿＿＿。

2 ~를 할 수 있다 (1그룹동사의 가능표현) 문형연습
~が +가능동사

1그룹(5단)동사만 만들 수 있는 가능표현이다.

1그룹(5단)동사 어미의 え단으로 바꾼 후 る를 붙인다.

1그룹동사 (5단)	가다	行(い)く	→	行(い)ける	갈 수 있다
	마시다	飲(の)む	→	飲(の)める	마실 수 있다
	말하다	言(い)う	→	言(い)える	말할 수 있다

4 WEEK

● 일본 한자를 읽을 読(よ)む 수 있습니까?

→ 日本(にほん)の 漢字(かんじ)が ＿＿＿＿＿＿＿＿＿＿＿＿＿。

● 혼자서 걸을 歩(ある)く 수 있습니다.

→ 一人(ひとり)で ＿＿＿＿＿＿＿＿＿＿＿＿＿。

● 오늘 타나까 씨를 만날 会(あ)う 수 있습니까?

→ 今日(きょう) 田中(たなか)さんに ＿＿＿＿＿＿＿＿＿＿＿＿＿。

● 어린이들도 여기에 들어갈 入(はい)る 수 있습니다.

→ 子供(こども)たちも ここに ＿＿＿＿＿＿＿＿＿＿＿＿＿。

3 ~를 할 수 있다 (2그룹동사의 가능표현) 문형연습

~が 2그룹(1단)동사 ない형 + られる

2그룹동사(1단동사)의 가능을 나타내는 표현이다.

2그룹동사(1단동사)의 ない형에 ~られる를 연결한다.

즉, 어미 る를 빼고 られる를 붙인다.

2그룹동사 (1단동사)	보다	見(み)る	→	見(み)られる	볼 수 있다
	먹다	食(た)べる	→	食(た)べられる	먹을 수 있다
	일어나다	起(お)きる	→	起(お)きられる	일어날 수 있다

➡ 아침 5시에 일어날 起(お)きる 수 있습니까?

　　→ 朝(あさ) 5時(じ)に ＿＿＿＿＿＿＿＿＿＿＿＿＿＿＿＿。

➡ 담배를 끊을 やめる 수 있습니까?

　　→ たばこが ＿＿＿＿＿＿＿＿＿＿＿＿＿＿＿＿。

➡ 이번 토요일에 영화를 볼 見(み)る 수 있습니까?

　　→ 今度(こんど)の 土曜日(どようび)に 映画(えいが)が ＿＿＿＿＿＿＿＿＿。

➡ 매운 김치를 먹을 食(た)べる 수 있습니까?

　　→ 辛(から)い キムチが ＿＿＿＿＿＿＿＿＿＿＿＿＿＿＿。

4 ~를 할 수 있다 (3그룹동사의 가능표현)
~が 가능동사

3그룹동사(불규칙동사)는 그냥 외워둔다. する는 활용하지 않고 出来(でき)る를, 来(く)る는 来(こ)られる로 바뀐다.

3그룹동사 (불규칙)	하다	する	→	できる	할 수 있다
	오다	来(く)る	→	来(こ)られる	올 수 있다

● 나는 운전을 할 <u>する</u> 수 있습니다.

→ 私は 運転(うんてん)が _____。

● 토요일에 올 <u>来(く)る</u> 수 있습니까?

→ 土曜日(どようび)に _____。

ゲームも できますか。

ミラ : この ケータイ、ゲームも できますか。

山本
（やまもと） : ええ、もちろん。デジカメも できますよ。

それに、音楽（おんがく）も 聞（き）けます。漫画（まんが）も 読（よ）めます。

ミラ : わあ、すごいですね。

私（わたし）の ケータイでは 音楽（おんがく）は 聞（き）けません。

何（なに）か その 他（ほか）に できる ことが ありますか。

山本
（やまもと） : うん、そうだ。この ケータイで 交通費（こうつうひ）も 払（はら）えます。

交通（こうつう）カードの 機能（きのう）が ありますから

地下鉄（ちかてつ）にも 乗（の）れます。

ミラ : 本当（ほんとう）に 便利（べんり）ですね。

미라 :　이 핸드폰, 게임도 할 수 있나요?

야마모또 : 네, 물론. 디카도 가능합니다.

　　　　게다가, 음악도 들을 수 있습니다. 만화도 읽을 수 있어요.

미라 :　와아, 대단하네요.

　　　　내 핸드폰으로는 음악은 들을 수 없습니다.

　　　　무언가 그밖에 할 수 있는 게 있나요?

야마모또 : 음, 그래. 이 핸드폰으로 교통비도 낼 수 있어요.

　　　　교통카드 기능이 있기 때문에 지하철도 탈 수 있어요.

미라 :　정말 편리하네요.

단어

- ケータイ 핸드폰
- 出来(でき)る 할 수 있다, 가능하다
- デジカメ 디카
- 音楽(おんがく) 음악
- 漫画(まんが)　만화
- すごい 대단하다
- その他(ほか)に 그밖에
- 交通費(こうつうひ) 교통비
- 交通(こうつう)カード 교통카드
- 本当(ほんとう)に 정말로

- ゲーム 게임
- もちろん 물론
- それに 게다가
- 聞(き)く 듣다
- 読(よ)む 읽다
- 何(なに)か 무언가
- こと 것
- 払(はら)う (돈을)내다
- 機能(きのう) 기능
- 便利(べんり)だ 편리하다

1. 日本語(にほんご)で 話(はな)せますか。
   일본어로 얘기할 수 있나요?

   → はい。 _____。

2. 自転車(じてんしゃ)に 乗(の)れますか。
   자전거를 탈 수 있나요?

   → いいえ。 _____。

3. 韓国(かんこく)で 日本(にほん)の 車(くるま)が
   買(か)えますか
   한국에서 일본자동차를 살 수 있나요?

   → はい。 _____。

4. 夏休(なつやす)みに 旅行(りょこう)できますか。
   여름방학에 여행할 수 있나요?

   → いいえ。 _____。

독해연습

해석해 보세요.

週末(しゅうまつ)は 一日中(いちにちじゅう) 働(はたら)けます。日本語(にほんご)でも

話(はな)せます。それに、ワープロも 上手(じょうず)に 打(う)てます。

英語(えいご)も 少(すこ)し できます。運転(うんてん)も できます。また、体(からだ)も

丈夫(じょうぶ)で 重(おも)い 荷物(にもつ)も よく 運(はこ)べます。家(うち)から 近(ち

か)くて 夜(よる) 遅(おそ)くまで 働(はたら)く ことが できます。

독해단어

- 週末(しゅうまつ) 주말
- 働(はたら)く 일하다
- 話(はな)す 얘기하다
- 上手(じょうず)だ 잘하다, 능숙하다
- それに 게다가
- 少(すこ)し 조금
- 運転(うんてん) 운전
- 丈夫(じょうぶ)だ 튼튼하다
- 荷物(にもつ) 짐
- 運(はこ)ぶ 옮기다, 운반하다
- 夜(よる) 밤
- 一日中(いちにちじゅう) 하루 종일
- 日本語(にほんご) 일본어
- ワープロ 워드
- 打(う)つ 치다
- 英語(えいご) 영어
- できる 할 수 있다
- 体(からだ) 몸
- 重(おも)い 무겁다
- よく 잘
- 近(ちか)い 가깝다
- 遅(おそ)くまで 늦게까지

이·해·하·기·쉬·운·4·주·완·성·일·본·어·두·번·째·걸·음

필수단어

다음 단어를 읽고 일본어는 한국어로, 한국어는 일본어로 쓰세요.

1. ゲーム
2. 出来(でき)る
3. デジカメ
4. もちろん
5. 교통비
6. 음악
7. 지하철
8. 핸드폰

 오문정정

다음 일본어 문장을 읽고 잘못된 부분을 골라 보세요.

1. 나는 바다에서 수영할 수 있습니다.

   私(わたし)は 海(うみ)で 泳(およ)ぎことが 出来(でき)ます。
   　　　　　　　 ❶ 　　　　 ❷ 　　　　　　　　　 ❸

2. 여동생은 골프를 할 줄 압니다.

   妹(いもうと)は ゴルフを 出来(でき)ます。
   　　❶ 　　　　　 ❷ 　　　 ❸

3. 기모노는 혼자서 입을 수 없습니다.

   きものは 一人(ひとり)で 着(き)れません。
   　❶ 　　　　 ❷ 　　　　 ❸

4. 이번에는 같이 못갑니다.

   今度(こんど)は いっしょに 行(い)ける ことが できません。
   　　　 ❶ 　　　　　　　 ❷ 　　　　　 ❸

104

다음 문장을 일본어로 말해 보세요.

1. 한자를 쓸 수 있습니까?

2. 주말에 외출할 수 있습니까?

3. 일본 한자를 읽을 수 있습니까?

4. 혼자서 걸을 수 있습니다.

5. 오늘 타나까 씨를 만날 수 있습니까?

6. 어린이들도 여기에 들어갈 수 있습니다.

7. 매운 김치를 먹을 수 있습니까?

8. 아침 5시에 일어날 수 있습니까?

9. 담배를 끊을 수 있습니까?

10. 이번 토요일에 영화를 볼 수 있습니까?

11. 나는 운전을 할 수 있습니다.

12. 토요일에 올 수 있습니까?

마무리 2

다음 문장을 크게 읽고 한국어로 말해 보세요.

1. 漢字(かんじ)を 書(か)くことが 出来(でき)ますか。

2. 週末(しゅうまつ)に 出掛(でか)けことが出来(でき)ますか。

3. 日本(にほん)の 漢字(かんじ)が 読(よ)めますか。

4. 一人(ひとり)で 歩(ある)けますか。

5. 今日(きょう) 田中(たなか)さんに 会(あ)えますか。

6. 子供(こども)たちも ここに 入(はい)れます。

7. 辛(から)い キムチが 食(た)べられますか。

8. 朝(あさ) 5時(じ)に 起(お)きられますか。

9. たばこが やめられますか。

10. 今度(こんど)の 土曜日(どようび)に 映画(えいが)が 見(み)られますか。

11. 私(わたし)は 運転(うんてん)が 出来(でき)ます。

12. 土曜日(どようび)に 来(こ)られますか。

정|답|과|해|설

1과 |오|문|정|정|정|답|

1. ③ 사람의 경우에, '있습니다.'는 います를 쓴다.

2. ③ 수업, 약속 같은 것이 없는 경우에는 '없습니다.'는 ありません이다.

3. ② '을, 를'은 を를 써야 한다.

4. ③ 동물의 경우에, 있습니다.'는 います를 쓴다.

2과 |오|문|정|정|정|답|

1. ① のみて가 아니라, 飲(の)んで 가 되어야 한다.

2. ② みって가 아니라, 見(み)て가 되어야 한다.

3. ① 旅行(りょこう)しって가 아니라, 旅行(りょこう)して가 되어야 한다.

4. ② '넣고'의 뜻이 되려면, る를 빼고 て에 연결해야 한다.

3과 |오|문|정|정|정|답|

1. ③ '모자를 쓰다'는 ぼうしを かぶる이다.

   그러니까, '모자를 썼습니다.'는 帽子(ぼうし)を かぶって います가 되어야 한다.

2. ③ '결혼했습니까?'는 結婚(けっこん)して いますか로 물어봐야 한다.

   대답도 はい、結婚(けっこん)して います(네, 결혼했습니다)

   いいえ、 結婚(けっこん)して いません。(아뇨, 결혼 안했습니다.)

3. ③ '읽고 있습니다.'는 読(よ)んでいます가 되어야 한다.

   読(よ)みました는 '읽었습니다.'라는 뜻이 된다.

4. ② 스커트나 바지를 '입다.'는 着(き)る가 아니라, はく라는 동사를 써야 한다.

   스커트를 '입다.'는 スカートを はく

   그러므로 スカートを はいて います가 되어야 한다.

정|답|과|해|설

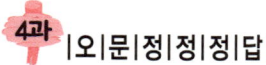

4과 |오|문|정|정|정|답|

1. ③ '~해도 됩니까?'는 ~ても いいですか

2. ② '~해서는 안 됩니다.'는 ~ては いけません

3. ① '~하면서'는 ~ながら이며 동사의 ます에 연결되는 것과 같은 형태로 ながら에 접속
한다. 그러니까, するながら가 아니라, しながら가 되어야 한다.

4. ① 쓰다는 書(か)く이므로, 쓰면서는 書(か)きながら이다.

5과 |오|문|정|정|정|답|

1. ③ 남이 남에게 '주다'는 あげる이다.

2. ③ 남이 나에게 '주다'는 くれる이다.

3. ① 선생님이 는 先生(せんせい)が가 되어야 한다.

4. ② '사다'는 買(か)う ~に いく(~러 가다)에 연결될 때는 동사 ます이 온다.
'사러 가다'는 買(か)いに 行(い)く이다.

6과 |오|문|정|정|정|답|

1. ② '~한 적이 있습니까?' 경험을 물어보는 표현은 ~た ことが ありますか。이다.
그러니까, 書(か)いた ことが ありますか。로 고쳐야 한다.

2. ③ '~한 적이 없습니다.'는 ~た ことが ありません
즉, いません이 아니라, ありません으로 고쳐야 한다.

3. ③ '~고 싶습니다.'는 ~たいです
'쉬다'는 休(やす)む이므로, '쉬고 싶습니다.'는 休(やす)みたいです가 되어야 한다.

4. ③ '가고 싶습니다.'는 行(い)きたいです이다.

7과 |오|문|정|정|정|답|

1. ②　'만나다'는 会(あ)う ~지 않다는 ~ない에 연결되며, 会(あ)わない가 되어야 한다.

2. ②　'~지 마세요.'는 ~ないでください이다.

3. ①　'먹지 마세요.'는 食(た)べる(먹다)에서 る만 빼고 ないでください(~지 마세요)에 연결
　　 한다.

4. ②　'가지 마세요.'는 行(い)かないでください가 되어야 한다.
　　 行(い)かなくては 가지 않고, '가지 않아서'란 뜻이 된다.

8과 |오|문|정|정|정|답|

1. ②　'~할 수 있습니다.' 라는 표현은 동사 기본형＋ことが できます
　　 그러니까, 泳(およ)ぐ(수영하다)라는 기본형에 붙어야 한다.

2. ②　명사에 연결하여 '~를 할 수 있습니다.'라는 표현을 할 때는 ~が できます라고 한다.
　　 조사를 を가 아닌 が를 써야 한다.

3. ③　'입다'는 着(き)る이므로, '입을 수 있다.'는 着(き)れる가 아니라, 着(き)られる가 되어
　　 야 한다. 그러므로 '입을 수 없습니다.'는 着(き)られません이다.

4. ②　'못 갑니다.'라는 표현은 行(い)く ことが 出来(でき)ません
　　 만약에 뒤에 ことが できません이라는 표현이 없다면 行(い)けません이라고 표현할 수
　　 도 있다.

1 지시대명사

		~것(사물)		~곳(장소)		~쪽(방향)		명사연결형	
이	こ	이것	これ	이곳	ここ	이쪽	こちら	이	この
그	そ	그것	それ	그곳	そこ	그쪽	そちら	그	その
저	あ	저것	あれ	저곳	あそこ	저쪽	あちら	저	あの
어느	ど	어느 것	どれ	어느 곳	どこ	어느 쪽	どちら	어느	どの

 2 언제입니까? いつですか

날(日)	어제	오늘	내일	매일
	昨日(きのう)	今日(きょう)	明日(あした)	毎日(まいにち)
월(月)	지난달	이번달	다음달	매월
	先月(せんげつ)	今月(こんげつ)	来月(らいげつ)	毎月(まいつき)
년(年)	작년	올해	내년	매년
	去年(きょねん)	今年(ことし)	来年(らいねん)	毎年(まいとし)

 3 가족 명칭

우리 가족을 말할 때	명 칭	남의 가족을 말할 때
父(ちち)	아버지	お父(とう)さん
母(はは)	어머니	お母(かあ)さん
兄(あに)	오빠, 형	お兄(にい)さん
姉(あね)	누나, 언니	お姉(ねえ)さん
弟(おとうと)	남동생	弟(おとうと)さん
妹(いもうと)	여동생	妹(いもうと)さん

4 い形容詞

1	가볍다	軽(かる)い	21	서늘하다	涼(すず)しい
2	길다	長(なが)い	22	새롭다	新(あたら)しい
3	기쁘다	うれしい	23	쉽다	易(やさ)しい
4	나쁘다	悪(わる)い	24	슬프다	悲(かな)しい
5	낡다	古(ふる)い	25	시시하다	つまらない
6	넓다	広(ひろ)い	26	심하다	ひどい
7	달다	甘(あま)い	27	싸다	安(やす)い
8	대단하다	すごい	28	쓸쓸하다	寂(さび)しい
9	덥다	暑(あつ)い	29	아프다	痛(いた)い
10	따뜻하다	暖(あたた)かい	30	어렵다	難(むずか)しい
11	맛없다	まずい	31	작다	小(ちい)さい
12	맛있다	おいしい	32	재미있다	面白(おもしろ)い
13	멀다	遠(とお)い	33	적다	少(すく)ない
14	많다	多(おお)い	34	좁다	狭(せま)い
15	맵다	辛(から)い	35	좋다	いい/よい
16	바쁘다	忙(いそが)しい	36	즐겁다	楽(たの)しい
17	밝다	明(あか)るい	37	차갑다	冷(つめ)たい
18	부럽다	うらやましい	38	춥다	寒(さむ)い
19	비싸다	高(たか)い	39	친하다	親(した)しい
20	빨갛다	赤(あか)い	40	크다	大(おお)きい

5 무슨 색입니까? 何色(なにいろ)ですか。

빨간색	赤色(あかいろ)	연두색	黄緑(きみどり)色(いろ)
녹색	緑色(みどりいろ)	분홍색	桃色(ももいろ)=ピンク
흰색	白色(しろいろ)	회색	灰色(はいいろ)
갈색	茶色(ちゃいろ)	노란색	黄色(きいろ)
보라색	紫色(むらさきいろ)	검은색	黒色(くろいろ)
파란색	青色(あおいろ)	하늘색	空色(そらいろ)

6 な형용사

1	간단하다	簡単(かんたん)だ	14	유감이다	残念(ざんねん)だ
2	같다	同(おな)じだ	15	유명하다	有名(ゆうめい)だ
3	건강하다	元気(げんき)だ	16	조용하다	静(しずか)だ
4	괜찮다	大丈夫(だいじょうぶ)だ	17	좋아하다	好(す)きだ
5	능숙하다	上手(じょうず)だ	18	친절하다	親切(しんせつ)だ
6	멋지다	すてきだ	19	터프하다	タフだ
7	번화하다	賑(にぎ)やかだ	20	튼튼하다	丈夫(じょうぶ)だ
8	불편하다	不便(ふべん)だ	21	편리하다	便利(べんり)だ
9	서툴다	下手(へた)だ	22	편하다	楽(らく)だ
10	성실하다	真面目(まじめ)だ	23	한가하다	暇(ひま)だ
11	소중하다	大切(たいせつ)だ	24	핸섬하다	ハンサムだ
12	싫어하다	嫌(きら)いだ	25	행복하다	幸(しあわ)せだ
13	예쁘다	きれいだ	26	힘들다	大変(たいへん)だ

7   1그룹동사 (5단동사)

1	가다	行(い)く	17	사다	買(か)う
2	걷다	歩(ある)く	18	사용하다	使(つか)う
3	기다리다	待(ま)つ	19	서두르다	急(いそ)ぐ
4	끝나다	終(お)わる	20	쓰다	書(か)く
5	노래하다	歌(うた)う	21	씻다	洗(あら)う
6	놀다	遊(あそ)ぶ	22	앉다	座(すわ)る
7	당기다	引(ひ)く	23	일어서다	起(お)きる
8	돌아가다	帰(かえ)る	24	읽다	読(よ)む
9	듣다	聞(き)く	25	얘기하다	話(はな)す
10	들어가다	入(はい)る	26	자르다	切(き)る
11	마시다	飲(の)む	27	죽다	死(し)ぬ
12	만나다	会(あ)う	28	집다	取(と)る
13	말하다	言(い)う	29	찍다	撮(と)る
14	밀다	押(お)す	30	타다	乗(の)る
15	배우다	習(なら)う	31	피우다	吸(す)う
16	부르다	呼(よ)ぶ	32	헤엄치다	泳(およ)ぐ

8   2그룹동사 (1단동사)

1	가르치다	教(おし)える	5	외출하다	出(で)かける
2	걸다	かける	6	일어나다	起(お)きる
3	먹다	食(た)べる	7	자다	寝(ね)る
4	보다	見(み)る			

9   3그룹동사 (불규칙동사)

1	공부하다	勉強(べんきょう)する	5	소개하다	紹介(しょうかい)する
2	복사하다	コピーする	6	오다	来(く)る
3	산책하다	散歩(さんぽ)する	7	하다	する

10 착용동사

모자를 썼습니다.	帽子(ぼうし)を かぶっています。
안경을 꼈습니다.	眼鏡(めがね)を かけています。
상의를 입었습니다.	上着(うわぎ)を 着(き)ています。
블라우스를 입었습니다.	ブラウスを 着(き)ています。
정장을 입었습니다.	スーツを 着(き)ています。
바지를 입었습니다.	ズボンを はいています。
치마를 입었습니다.	スカートを はいています。
구두를 신었습니다.	靴(くつ)を はいています。
양말을 신었습니다.	靴下(くつした)を はいています。
시계를 찼습니다.	時計(とけい)を しています。
넥타이를 했습니다.	ネクタイを しています。
스카프를 했습니다.	スカーフを しています。

11 세어 보세요. (1~100)

1	いち	11	じゅう いち	21	にじゅう いち	40	よんじゅう
2	に	12	じゅう に	22	にじゅう に	50	ごじゅう
3	さん	13	じゅう さん	23	にじゅう さん	60	ろくじゅう
4	よん / し	14	じゅう よん	24	にじゅう よん	70	ななじゅう
5	ご	15	じゅう ご	25	にじゅう ご	80	はちじゅう
6	ろく	16	じゅう ろく	26	にじゅう ろく	90	きゅうじゅう
7	なな / しち	17	じゅう なな	27	にじゅう なな	100	ひゃく
8	はち	18	じゅう はち	28	にじゅう はち		
9	きゅう / く	19	じゅう きゅう	29	にじゅう きゅう	0	ゼロ / れい
10	じゅう	20	にじゅう	30	さんじゅう		

114

12 세어 보세요. (100〜90만)

100	ひゃく	1000	せん	1만	いちまん	10만	じゅうまん
200	にひゃく	2000	にせん	2만	にまん	20만	にじゅうまん
300	さんびゃく	3000	さんぜん	3만	さんまん	30만	さんじゅうまん
400	よんひゃく	4000	よんせん	4만	よんまん	40만	よんじゅうまん
500	ごひゃく	5000	ごせん	5만	ごまん	50만	ごじゅうまん
600	ろっぴゃく	6000	ろくせん	6만	ろくまん	60만	ろくじゅうまん
700	ななひゃく	7000	ななせん	7만	ななまん	70만	ななじゅうまん
800	はっぴゃく	8000	はっせん	8만	はちまん	80만	はちじゅうまん
900	きゅうひゃく	9000	きゅうせん	9만	きゅうまん	90만	きゅうじゅうまん

13 개수 세는 법

한 개	두 개	세 개	네 개	다섯 개	여섯 개
一(ひと)つ	二(ふた)つ	三(みっ)つ	四(よっ)つ	五(いつ)つ	六(むっ)つ
일곱 개	여덟 개	아홉 개	열 개		몇 개
七(なな)つ	八(やっ)つ	九(ここの)つ	十(とお)		いくつ

14 잔 세는 법

한 잔	두 잔	세 잔	네 잔	다섯 잔	여섯 잔
一杯 (いっぱい)	二杯 (にはい)	三杯 (さんばい)	四杯 (よんはい)	五杯 (ごはい)	六杯 (ろっぱい)
일곱 잔	여덟 잔	아홉 잔	열 잔		몇 잔
七杯 (ななはい)	八杯 (はっぱい)	九杯 (きゅうはい)	十杯 (じゅっぱい)		何杯 (なんばい)

15 병 세는 법

한 병	두 병	세 병	네 병	다섯 병	여섯 병
一本 (いっぽん)	二杯 (にはい)	三本 (さんぼん)	四本 (よんほん)	五本 (ごほん)	六本 (ろっぽん)
일곱 병	여덟 병	아홉 병	열 병		몇 병
七本 (ななほん)	八本 (はっぽん)	九本 (きゅうほん)	十本 (じゅっぽん)		何本 (なんぼん)

16 횟수 세는 법

한 번	두 번	세 번	네 번	다섯 번	여섯 번
一回 (いっかい)	二回 (にかい)	三回 (さんかい)	四回 (よんかい)	五回 (ごかい)	六回 (ろっかい)
일곱 번	여덟 번	아홉 번	열 번		몇 번
七回 (ななかい)	八回 (はっかい)	九回 (きゅうかい)	十回 (じゅっかい)		何回 (なんかい)

17 사람 수 세는 법

한 명	두 명	세 명	네 명	다섯 명	여섯 명
一人 (ひとり)	二人 (ふたり)	三人 (さんにん)	四人 (よにん)	五人 (ごにん)	六人 (ろくにん)
일곱 명	여덟 명	아홉 명	열 명		몇 명
七人 (ななにん)	八人 (はちにん)	九人 (きゅうにんん)	十人 (じゅうにん)		何人 (なんにん)

18 층 세는 법

1층	2층	3층	4층	5층	6층
一階 (いっかい)	二階 (にかい)	三階 (さんがい)	四階 (よんかい)	五階 (ごかい)	六階 (ろっかい)
7층	8층	9층	10층		몇 층
七階 (ななかい)	八階 (はっかい)	九階 (きゅうかい)	十階 (じゅっかい)		何階 (なんがい)

19 나이 세는 법

한 살	두 살	세 살	네 살	다섯 살	여섯 살
一歳 (いっさい)	二歳 (にさい)	三歳 (さんさい)	四歳 (よんさい)	五歳 (ごさい)	六歳 (ろくさい)
일곱 살	여덟 살	아홉 살	열 살		몇 살
七歳 (ななさい)	八歳 (はっさい)	九歳 (きゅうさい)	十歳 (じゅっさい)		何歳 (なんさい)

20 몇 대인지 세는 법

한 대	두 대	세 대	네 대	다섯 대	여섯 대
1台 (いちだい)	2台 (にだい)	3台 (さんだい)	4台 (よんだい)	5台 (ごだい)	6台 (ろくだい)
일곱 대	여덟 대	아홉 대	열 대		몇 대
7台 (ななだい)	8台 (はちだい)	9台 (きゅうだい)	10台 (じゅうだい)		何台 (なんだい)

21 몇 년인지 세는 법

1년	2년	3년	4년	5년	6년
一年 (いちねん)	二年 (にねん)	三年 (さんねん)	四年 (よねん)	五年 (ごねん)	六年 (ろくねん)
7년	**8년**	**9년**	**10년**		**몇 년**
七年 (ななねん)	八年 (はちねん)	九年 (きゅうねん)	十年 (じゅうねん)		何年 (なんねん)

22 몇 개월인지 세는 법

1개월	2개월	3개월	4개월	5개월	6개월
一ヶ月 (いっかげつ)	二ヶ月 (にかげつ)	三ヶ月 (さんかげつ)	四ヶ月 (よんかげつ)	五ヶ月 (ごかげつ)	六ヶ月 (ろっかげつ)
7개월	**8개월**	**9개월**	**10개월**		**몇 개월**
七ヶ月 (ななかげつ)	八ヶ月 (はっかげつ)	九ヶ月 (きゅうかげつ)	十ヶ月 (じゅっかげつ)		何ヵ月 (なんかげつ)

23 몇 주일인지 세는 법

1주일	2주일	3주일	4주일	5주일	6주일
一週間 (いっしゅうかん)	二週間 (にしゅうかん)	三週間 (さんしゅうかん)	四週間 (よんしゅうかん)	五週間 (ごしゅうかん)	六週間 (ろくしゅうかん)
7주일	**8주일**	**9주일**	**10주일**		**몇 주일**
七週間 (ななしゅうかん)	八週間 (はっしゅうかん)	九週間 (きゅうしゅうかん)	十週間 (じゅっしゅうかん)		何週間 (なんしゅうかん)

24 몇 박인지 세는 법

1박	2박	3박	4박	5박	6박
一泊 (いっぱく)	二泊 (にはく)	三泊 (さんぱく)	四泊 (よんはく)	五泊 (ごはく)	六泊 (ろっぱく)
7박	8박	9박	10박		몇 박
七泊 (ななはく)	八泊 (はっぱく)	九泊 (きゅうはく)	十泊 (じゅっぱく)		何泊 (なんぱく)

25 몇 접시인지 세는 법

한 접시	두 접시	세 접시	네 접시	다섯 접시	여섯 접시
一皿 (ひとさら)	二皿 (ふたさら)	三皿 (みさら)	四皿 (よんさら)	五皿 (ごさら)	六皿 (ろくさら)
일곱 접시	여덟 접시	아홉 접시	열 접시		몇 접시
七皿 (ななさら)	八皿 (はちさら)	九皿 (きゅうさら)	十皿 (じゅっさら)		何皿 (なんさら)

26 번호 세는 법

1번	2번	3번	4번	5번	6번
一番 (いちばん)	二番 (にばん)	三番 (さんばん)	四番 (よんばん)	五番 (ごばん)	六番 (ろくばん)
7번	8번	9번	10번		몇 번
七番 (ななばん)	八番 (はちばん)	九番 (きゅうばん)	十番 (じゅうばん)		何番 (なんばん)

27 몇 마리인지 세는 법

한 마리	두 마리	세 마리	네 마리	다섯 마리	여섯 마리
一匹 (いっぴき)	二匹 (にひき)	三匹 (さんびき)	四匹 (よんひき)	五匹 (ごひき)	六匹 (ろっぴき)
일곱 마리	여덟 마리	아홉 마리	열 마리		몇 마리
七匹 (ななひき)	八匹 (はっぴき)	九匹 (きゅうひき)	十匹 (じゅっぴき)		何匹 (なんびき)

28 몇 켤레인지 세는 법

한 켤레	두 켤레	세 켤레	네 켤레	다섯 켤레	여섯 켤레
一足 (いっそく)	二足 (にそく)	三足 (さんそく)	四足 (よんそく)	五足 (ごそく)	六足 (ろくそく)
일곱 켤레	여덟 켤레	아홉 켤레	열 켤레		몇 켤레
七足 (ななそく)	八足 (はっそく)	九足 (きゅうそく)	十足 (じゅっそく)		何足 (なんぞく)

29 몇 장인지 세는 법

한 장	두 장	세 장	네 장	다섯 장	여섯 장
一枚 (いちまい)	二枚 (にまい)	三枚 (さんまい)	四枚 (よんまい)	五枚 (ごまい)	六枚 (ろくまい)
일곱 장	여덟 장	아홉 장	열 장		몇 장
七枚 (ななまい)	八枚 (はちまい)	九枚 (きゅうまい)	十枚 (じゅうまい)		何枚 (なんまい)

30 몇 권인지 세는 법

한 권	두 권	세 권	네 권	다섯 권	여섯 권
一冊 (いっさつ)	二冊 (にさつ)	三冊 (さんさつ)	四冊 (よんさつ)	五冊 (ごさつ)	六冊 (ろくさつ)
일곱 권	여덟 권	아홉 권	열 권		몇 권
七冊 (ななさつ)	八冊 (はっさつ)	九冊 (きゅうさつ)	十冊 (じゅっさつ)		何冊 (なんさつ)

이·해·하·기·쉬·운
4주 완성 일본어 두 번째 걸음

초판 1쇄 인쇄일 · 2005년 6월 20일

초판 1쇄 발행일 · 2005년 6월 25일

지은이 • 이성순, 송현미

감　수 • 키쿠치 세이지

펴낸이 • 박영희

표　지 • 최은영

편　집 • 정유경

펴낸곳 • 도서출판 어문학사

132-891 서울시 도봉구 쌍문동 525-13

전화 (02) 998-0094　|　팩스 (02)998-2268

E-mail : am@amhbook.com

URL : 어문학사

출판등록 : 2004년 4월 6일 제7-276호

ISBN　89-91222-43-9　18730(전2권)

89-91222-45-5　18730

가격　12,000원